भरोसा
एवं
अन्य कहानियाँ

भरोसा
एवं
अन्य कहानियाँ

डॉ. अणिमा खेस

प्रभात
पेपरबैक्स
www.prabhatbooks.com

प्रकाशक

प्रभात पेपरबैक्स

प्रभात प्रकाशन प्रा. लि. का उपक्रम

4/19 आसफ अली रोड, नई दिल्ली–110002

फोन : 23289777 • हेल्पलाइन नं. : 7827007777

इ–मेल : prabhatbooks@gmail.com ❖ वेब ठिकाना : www.prabhatbooks.com

संस्करण

प्रथम, 2022

मूल्य

दो सौ पचास रुपए

मुद्रक

आर–टेक ऑफसेट प्रिंटर्स, दिल्ली

BHAROSA EVAM ANYA KAHANIYAN
stories by Dr. Anima Xess

Published by **PRABHAT PAPERBACKS**
An imprint of Prabhat Prakashan Pvt. Ltd.
4/19 Asaf Ali Road, New Delhi-110002

ISBN 978-93-5521-172-9

₹ 250.00

माता-पिता को समर्पित

बाबा (स्वर्गीय) **श्री लियो खेस** को,

जिन्होंने लिखने को प्रेरित किया

एवं

माँ (स्वर्गीय) **श्रीमती फिलोमिना खेस** को,

जिन्होंने भाषा की शुद्धता सिखाई।

भूमिका

कोई भी रोगी चिकित्सक के पास इलाज के लिए तभी जाता है, जब उसे कोई-न-कोई शारीरिक कष्ट रहता है। शारीरिक कष्ट का प्रभाव रोगी की मानसिक स्थिति पर भी पड़ता है। इस तरह उसके स्वभाव में कुछ-न-कुछ परिवर्तन आ जाता है। यदि किसी रोगी का इलाज लंबे समय तक चलता है, तब उस रोगी का चिकित्सक के साथ एक संबंध-सा बन जाता है। चिकित्सक का भी अपने रोगी के साथ केवल व्यावसायिक संबंध नहीं रह जाता है। रोगी का इलाज करते हुए चिकित्सक रोगी का न केवल शारीरिक कष्ट देखता है, बल्कि उससे जुड़े भावनात्मक पक्ष से भी रू-ब-रू होता है। रोगी के रोगमुक्त होने में रोगी का चिकित्सक पर विश्वास होना एक अहम भूमिका निभाता है। मेरी कहानियाँ रोगी एवं चिकित्सक के इन्हीं संबंधों के बीच बुनी गई हैं। मैंने रोगी और उनसे जुड़े लोगों की चिकित्सा के दौरान मन में उठनेवाले विचार एवं भावनाओं को दिखलाने की कोशिश की है।

मनुष्य सामाजिक प्राणी है। रोगी एवं चिकित्सक दोनों ही समाज के अंग हैं। समाज में रहते हुए दोनों को सामाजिकता तो निभानी ही पड़ती है। सामाजिकता निभाने में कभी-कभी विचित्र परिस्थितियाँ आ जाती हैं। रोगी या उसके परिजन अपने ढंग से इन परिस्थितियों से जूझते हैं तो चिकित्सक अपनी तरह से समस्या का समाधान ढूँढ़ते हैं। दोनों को

ही कई बार समाज द्वारा तयशुदा मापदंडों से अलग हटकर समस्या का समाधान ढूँढ़ने की जरूरत पड़ती है।

एक साहित्यिक पत्रिका के संपादकीय में पढ़ा था कि चिकित्सा जगत् से संबंधित बहुत कम कहानियाँ लिखी गई हैं, वैसे तो मैं पहले से ही कहानियाँ लिखती रही थी, पर तभी से मैंने अपने रोगियों और उनकी चिकित्सा से संबंधित विषयों पर कहानी ढूँढ़ना शुरू किया और पाया कि बहुत से विषय एवं पात्र इस क्षेत्र में हैं, जिन पर कहानियाँ लिखी जा सकती हैं। इस क्षेत्र में भी बहुत सी समस्याएँ एवं घटनाएँ हैं, जिन्हें लोगों तक पहुँचना चाहिए। कहानियाँ लोगों तक अपने विचार पहुँचाने का सशक्त माध्यम होती हैं। इस संग्रह में जितनी भी कहानियाँ हैं, उनका संबंध जीवन की किसी-न-किसी घटना से प्रेरित है।

बेटे-बेटी में फर्क करना मध्यमवर्गीय परिवार में आम बात होती है। बेटे को तरजीह दी जाती है। यह कुछ हद तक उनकी मजबूरी होती है और उनकी आर्थिक स्थिति पर निर्भर करती है। बेटियों के मन में बचपन से ही यह बात भर दी जाती है कि वह अपनी इच्छा से कुछ नहीं कर सकतीं। बेटियों के स्वभाव में जन्म से ही यह घुट्टी पिलाई जाती है कि उसे भाई का खयाल रखना है। बचपन से ही कई मौकों पर बहन को भाई के लिए अपनी इच्छाओं का बलिदान भी करना पड़ता है। 'एक कुरबानी ऐसी भी' भाई के लिए बहन की कुरबानी की कहानी है, वह भी कॅरियर की, पर जिस भाई के लिए बहन ने अपने कॅरियर की कुरबानी दी, क्या वह काम आया?

'लाइलाज कष्ट' की कहानी हर उस सेवानिवृत्त व्यक्ति की कहानी है, जो अपने खालीपन से त्रस्त होकर सुविधा-संपन्न होते हुए भी दुःखी रहता है। पत्नी के इलाज के दौरान एक अवकाश प्राप्त प्रोफेसर डॉक्टर से अपना दुखड़ा बयान करता है। डॉक्टर हँसी-मजाक में ही प्रोफेसर को कुछ उपाय बताता है। प्रोफेसर डॉक्टर की बात को गंभीरता से लेता है।

उसे अपना खालीपन भरने को एक दिशा मिल जाती है।

'याचक' शहर के एक धनी एवं प्रतिष्ठित व्यवसायी की कहानी है, जिसे अपने व्यापार के अलावा किसी बात का कोई ज्ञान नहीं है। आधुनिक चिकित्सा का तो बिल्कुल ही ज्ञान नहीं है। उसकी सोच कई सदी पीछे की है। साधन-संपन्न होते हुए भी आधुनिक चिकित्सा का लाभ उठाना नहीं चाहता। वह चिकित्सक के सामने ऐसा प्रस्ताव रखता है कि चिकित्सक भी हतप्रभ रह जाता है।

'काला धब्बा' एक युवा लड़की की कहानी है। सामाजिक-धार्मिक बंदिशों की वजह से गर्भधारण एवं अपनी संतान को जन्म देने में उसकी इच्छा कोई मायने नहीं रखती। कहानी लिखते समय मुझे रोगी की जाँच करते समय का वह दृश्य याद आता है तो अब भी मेरे रोंगटे खड़े हो जाते हैं। वह दृश्य मैं जिंदगी भर भूल नहीं सकती हूँ। यह कैसी विडंबना है कि कुछ सामाजिक-धार्मिक बंदिशों की वजह से एक लड़की अपनी इच्छाओं का दमन करती है! उसे इतनी भी आजादी नहीं रहती कि वह अपनी इच्छा अनुसार अपनी जिंदगी जी सके। यदि वह कोशिश करती भी है तो समाज के डर के कारण जो परिणति होती है, वह भी जिंदगी भर उसे ही भुगतनी पड़ती है।

विधवा विवाह अब विभिन्न समुदाय के लोगों में होने लगे हैं, पर ब्राह्मण समाज में अब भी ये आसान नहीं है। यदि विधवा स्त्री की कोई संतान है तो वह दूसरे पति को कभी स्वीकार्य नहीं होती। इस कहानी की पृष्ठभूमि में रेल दुर्घटना है। यह दुर्घटना काफी भयंकर थी। ट्रेन की सात-आठ बोगियाँ क्षतिग्रस्त हो गई थीं। इस दुर्घटना में काफी लोगों की मौत हो गई थी। 'प्रारब्ध' की कहानी इसी रेल दुर्घटना में विधवा हुई एक युवती से संबंधित है। एक माँ की ममता का हनन उसी समय कर दिया जाता है, जब कष्ट समाप्ति के बाद, माँ होने की गरिमा से तृप्त होकर उसके खुश होने का समय आता है। पुनर्विवाह तो युवती का हो जाता है,

पर माँ होते हुए भी वह जीवन भर ममता के लिए तरसती रह जाती है।

'चमक हजार रुपए की' मेरी वह कहानी है, जिसने कहानीकार के रूप में मुझे स्थापित किया, वैसे इसके पहले भी मेरी रचनाएँ स्थानीय पत्रिकाओं में छपती रही थीं, पर पहचान इसी कहानी से मिली। यह कहानी 'दैनिक जागरण' के साहित्यिक पृष्ठ 'पुनर्नवा' में छपी थी।

इस कहानी में मैंने यह दिखाने की कोशिश की है कि सरकारी योजनाओं का स्वरूप लोगों तक पहुँचते-पहुँचते क्या-से-क्या हो जाता है, जैसे—जननी-बाल-सुरक्षा योजना! महिलाएँ सुरक्षित प्रसव के लिए सरकारी अस्पताल में आएँ, इस को प्रोत्साहित करने के लिए हर प्रसव के लिए कुछ प्रोत्साहन राशि का प्रावधान सरकार द्वारा किया गया है। पर लोग यह समझते हैं कि सरकार बच्चे पैदा करने को प्रोत्साहित कर रही है। महिलाएँ चाहे कितने भी बच्चे पैदा करें, सरकार हर बार पैसे तो देगी ही। बार-बार के गर्भधारण से महिलाओं में कुछ कॉम्प्लिकेशन भी होते हैं। यही दिखाया है इस कहानी में मैंने। इस कहानी के छपने के बाद मुझे काफी पाठकों की प्रतिक्रियाएँ प्राप्त हुईं। बहुत सी पत्रिकाओं में मुझे लिखने का आमंत्रण भी मिला।

आधुनिक युग में मनुष्य खुद में ही सिमटता जा रहा है। शहरों में ज्यादातर लोग अपार्टमेंट में रहते हैं, पर अपने पड़ोस में कौन रहता है, यह भी नहीं जानते। जरूरत पड़ने पर किसी से सहायता लेनी ही पड़ती है। डॉक्टर का हृदय किसी भी रोगी के लिए पसीज जाता है और वह उसकी हर तरह से सहायता करना अपना कर्तव्य समझता है। विशेषकर तब, जब रोगी के जीवन-मरण का प्रश्न हो; पर शहरों में रहनेवाले अपनी सभ्यता-संस्कृति तक भूल चुके हैं। कठिन समय पर काम आए व्यक्ति के प्रति भी कृतज्ञता नहीं दिखाते, जबकि जीवन-मरण की स्थिति होती है। 'महानगरीय सभ्यता'।

चिकित्सा जगत् ने आज काफी तरक्की कर ली है और लोग

इसका लाभ उठा भी रहे हैं। भारतीय सभ्यता में वंश परंपरा को बहुत ही महत्त्वपूर्ण माना गया है। बेटा ही वंश को चलाता है, यह मान्यता है। बहुत बार संतान के इच्छुक दंपती को संतान-प्राप्ति के लिए स्पर्म बैंक से डोनेटेड स्पर्म की सहायता लेनी पड़ती है। नियमानुसार स्पर्म डोनर का परिचय गुप्त रखा जाता है, पर कुछ पुरातनपंथी विचारधारा के लोग चाहते हैं कि बच्चे में उसी के वंश का अंश हो। इसके लिए वे कुछ भी करने को तैयार रहते हैं। चिकित्सक के समक्ष विचित्र प्रस्ताव रखते हैं। पर सबकुछ जानने के बाद कोई सामान्य रह सकता है क्या? 'वंश का अंश' में चिकित्सक का द्वंद्व भी है और डोनर का भी।

'बाँझ' शब्द किसी भी विवाहित स्त्री के लिए एक बहुत बड़ी गाली मानी जाती है। किसी भी दंपती को शादी के कुछ सालों बाद यदि संतान की प्राप्ति नहीं होती तो स्त्री को बाँझ करार दिया जाता है। कमी पति-पत्नी किसी में भी हो सकती है। कभी-कभी तो दोनों में से किसी में कोई कमी नहीं होती। बस थोड़ी सी चिकित्सकीय सहायता की जरूरत होती है। पुरुष कभी भी अपनी जाँच कराना नहीं चाहता। इसके पीछे की मानसिकता यह होती है कि पुरुष शुक्राणु की कमी को पौरुषता से जोड़कर देखता है। स्त्री कभी नहीं चाहती कि उस पर बाँझपन का ठप्पा लगे। यह उसके लिए एक अभिशाप के समान है और वह इससे मुक्ति चाहती है। 'अभिशाप से मुक्ति की तलाश' कहानी इसी से संबंधित है।

गाँव या कस्बों में रहनेवाले माँ-बाप अपने बच्चों को बेहतर शिक्षा के लिए शहर भेजते हैं। गाँव के ज्यादातर बच्चे सीधे-सरल होते हैं। वे किसी की भी बातों पर विश्वास कर लेते हैं और आसानी से छल का शिकार हो जाते हैं। कुछ बच्चे शहरी चकाचौंध में पड़कर गलत रास्ते पर चलने लगते हैं। शहरों में मौज-मस्ती के तरह-तरह के साधन उपलब्ध होते हैं। बच्चे अपना लक्ष्य भूल माँ-बाप का भरोसा तोड़ देते हैं। युवावस्था में कदम रखने से पहले ही बच्चे युवावस्था के नए-नए

अनुभव प्राप्त करना चाहते हैं। नतीजा, वे जानकारी के अभाव में अथवा अल्प जानकारी होने के कारण यौनजनित बीमारियों का शिकार हो जाते हैं। कहानी 'भरोसा' इसी से संबंधित है।

अधिकतर लोगों की धारणा होती है कि आरक्षित कोटे से आनेवाले सभी विद्यार्थी पढ़ाई में कमजोर होते हैं और उनका कोई भी काम मानक स्तर का नहीं होता है, पर ऐसा नहीं है। सही दिशा मिलने पर वे हर क्षेत्र में अच्छा प्रदर्शन करते हैं। जीवन में शुरू से ही उन्हें हर क्षेत्र में भेदभावपूर्ण रवैए का सामना करना पड़ता है। चिकित्सा क्षेत्र भी इससे अछूता नहीं है। कुछ लोग पूर्वाग्रह से ग्रसित होते हैं। वे चिकित्सक के काम को देखे-परखे बिना ही अपनी राय बना लेते हैं। 'फर्क' कहानी इसी पर आधारित है। इस वैचारिक मतभेद का शिकार भी तो अंततः रोगी ही होता है।

इस कहानी-संग्रह में 'मिली' एकमात्र ऐसी कहानी है, जिसका संबंध चिकित्सा जगत् से नहीं है। पर यह सत्य घटना पर आधारित है, जो मेरे एक परिचित के साथ घटित हुई थी। बरसों से पालन-पोषण करनेवाले माता-पिता का प्यार ये बच्चे क्यों नहीं महसूस करते हैं? यह पता चलते ही कि पालक उनके सगे नहीं हैं, उनके किशोर मन में अचानक अपने बायोलॉजिकल माता-पिता के प्रति प्रेम उमड़ पड़ता है। वे अपने पालक को छोड़ उस अनाम, अनजान की खोज में अज्ञात दिशा की ओर निकल पड़ते हैं, जिन्होंने उसे बरसों पहले त्याग दिया था। पर क्या इसमें वे सफल हो पाते हैं?

शिक्षा का क्षेत्र हो अथवा नौकरी का, सबके लिए आजकल प्रतियोगिता परीक्षा होती है। मेधा-सूची के अनुसार ही किसी कोर्स अथवा नौकरी के लिए चयन होता है। चयनित व्यक्ति तो प्रसन्न हो जाता है, पर मेधा-सूची में आने के बावजूद जब किसी के ठीक ऊपर तक के विद्यार्थी का दाखिला हो जाता है और वह छूट जाता है, तब इस बात का

अफसोस किसी-किसी को जीवन भर रह जाता है। किसी-न-किसी के साथ तो ये होना ही होता है, पर कोई-कोई व्यक्ति इसे स्वीकार नहीं कर पाता है। उसे लगता है कि वह उनके बराबर का ही है, कम नहीं। इस गलतफहमी के कारण उसका स्वभाव एवं व्यवहार अपने समकक्ष लोगों की तरह नहीं रह जाता है और सही होते हुए भी वह अपने अधिकारियों को नहीं सुहाता। कहानी 'बराबरी' में इसी तथ्य पर प्रकाश डाला गया है।

'युद्ध' कोरोनाकाल की कहानी है। लॉकडाउन के समय स्थिति ऐसी हो गई थी, जैसे युद्ध के समय हो जाती है। वातावरण में भयावहता व्याप्त हो जाती है। लोग आशंकाओं से घिरे होते हैं। असुरक्षा की भावना से लोग ग्रस्त हो जाते हैं। इस महामारी का योद्धा होता है डॉक्टर, जो रोगियों के इलाज के दौरान अपने शहर में रहते हुए भी अपने परिवार से मिल नहीं पाता है, जैसे सैनिक अपने परिवार से दूर रहकर अपनी ड्यूटी निभाते हैं।

यदि अपनी कहानियों के माध्यम से मैं लोगों के बीच से चिकित्सा से जुड़े अंधविश्वास अथवा मन में पलनेवाली गलतफहमियों को दूर कर सकूँ तो मैं खुद को अपने उद्‌देश्य में सफल मानूँगी।

—डॉ. अणिमा खेस

अनुक्रम

1

एक कुरबानी ऐसी भी

खिड़की पर पड़े परदे की फाँक से सूर्य की किरणें जब कमरे में दस्तक देने लगीं, तब सुरभि की नींद खुली। उसने दीवार घड़ी पर नजर डाली। सुबह के सात बज रहे थे। हड़बड़ाकर वह उठी। रोज सुबह वह सबसे पहले उठ जाती है, पर आज उसकी नींद खुली ही नहीं। दरअसल, रात अपने भविष्य के बारे में सोचते हुए उसे नींद आ ही नहीं रही थी। काफी देर तक वह बिस्तर पर करवटें बदलती रही। कल मम्मी-पापा में उसकी शादी को लेकर काफी कहासुनी हो गई थी। मम्मी उसकी शादी कर जिम्मेदारी से मुक्त हो जाना चाहती थीं, जबकि पापा उसे आगे पढ़ने का मौका देना चाहते थे; शायद इसलिए, क्योंकि सुरभि के प्रति कहीं-न-कहीं पापा खुद को गुनहगार महसूस करते हों।

आँखें मलते हुए जब सुरभि कमरे के बाहर आई तो देखा कि रोज की तरह पापा बरामदे में बैठे हैं। सामने पड़े स्टूल पर रखी चाय के प्याले में चाय भरी हुई थी और उसमें से भाप उठ रही थी। लगता है, अभी-अभी माँ उनके लिए चाय का प्याला रखकर गई है। चाय की खुशबू ने सुरभि के मन में भी चाय की तलब जगा दी। उसने रसोई की ओर मुँह कर आवाज लगाई, "मम्मी! चाय मैं भी पिऊँगी।" वैसे रोज सुबह सुरभि ही सबके लिए चाय बनाती, फिर पापा के साथ बरामदे में बैठकर चाय पीते हुए अखबार पढ़ती।

"लाती हूँ।" माँ की आवाज सुन वह पापा के बगल में पड़ी कुरसी पर बैठने ही जा रही थी कि पापा ने कहा, "सुरो! जरा अखबार तो ले आ।"

सुरभि जब तक अखबार लेकर आई, माँ ने उसके लिए भी चाय का प्याला रख दिया था। चाय की चुस्की लेते हुए सुरभि खुद अखबार पलटने लगी।

"अखबार मैंने अपने लिए लाने को कहा था। तुम तो खुद पढ़ने लग गई!" पापा ने टोका।

"पापा···! उलट-पुलटकर देती हूँ न! बस, हेडलाइन देखकर दे दूँगी। आप पूरा अखबार पढ़ते रहिएगा।"

"कम-से-कम एक पन्ना तो दे दो।" पापा ने कहा तो सुरभि ने रोज की तरह पहला पन्ना निकालकर दे दिया।

सुरभि को पहले पन्ने का सिर्फ शीर्षक देखने भर का सरोकार रहता। प्रमुख समाचार प्रथम पृष्ठ में ही होते हैं। विस्तार से समाचार पढ़ने के लिए न तो उसके पास समय था और न ही उसकी उसमें रुचि। अखबार देखने का मुख्य मकसद तो उसका अंदर के पन्नों पर नौकरी का विज्ञापन देखना होता। रोज बड़ी तन्मयता के साथ वह अपनी योग्यता के अनुरूप नौकरी का विज्ञापन तलाशती रहती। उसने स्नातक तक की पढ़ाई कर ली थी। इससे आगे पढ़ाई की संभावना नजर नहीं आ रही थी। मम्मी-पापा उसकी शादी के लिए प्रयासरत थे। कई जगह बातें भी चल रही थीं। पर अब तक बात कहीं पक्की नहीं हुई थी। सुरभि साधारण नैन-नक्श की लड़की थी। मझोला कद, खिलता हुआ रंग। देखने-दिखाने का सिलसिला भी चल रहा था। लड़केवालों को सुरभि पसंद आ भी जाती तो तिलक-दहेज की बात पर अटक जाती। सुरभि जानती थी कि साधारण आय में पिता की औकात ज्यादा तिलक-दहेज देने की नहीं है। वह नहीं चाहती थी कि उसके पिता उसकी शादी के लिए कर्ज तले दब जाएँ।

वह अपने पैरों पर खड़ी होना चाहती थी। नौकरी करने पर एक तो पिता को आर्थिक मदद मिल सकती थी, दूसरा नौकरीपेशा होने के कारण हो सकता है, तिलक की राशि कम देनी पड़ती।

सुरभि की बड़ी बहन सुमन की शादी में लिए कर्ज से पापा अभी पूरी तरह उबरे भी नहीं हैं। पापा फिर कर्ज में डूब जाएँ, सुरभि यह नहीं चाहती। सुमन की शादी इंटरमीडिएट के बाद ही कर दी गई थी, तब सुरभि ने बहुत कहा था कि दीदी को कम-से-कम स्नातक तो कर लेने दिया जाए। पर उसकी बात कौन सुनता! मम्मी-पापा ने कहा कि पढ़ाई तो शादी के बाद भी हो सकती है। सुरभि के लिए भी मम्मी ने यही कहा कि नौकरी शादी के बाद भी की जा सकती है, यदि ससुरालवाले चाहें तो!

सुमन की शादी जब हुई, तब वह मात्र अठारह वर्ष की थी। जीजाजी एम.ए. फाइनल में पढ़ रहे थे। शादी के बाद परिवार, घर-गृहस्थी का सारा दायित्व सुमन पर ही आ गया, क्योंकि उसके पति अपने माता-पिता की ज्येष्ठ संतान थे। शादी के दूसरे ही वर्ष सुमन गर्भवती हो गई। इन सबके बीच पढ़ाई का तो सवाल ही नहीं उठता। एम.ए. करने के बाद भी सुमन के पति को कोई नौकरी नहीं मिली तो वे कुंठाग्रस्त रहने लगे। इसका खामियाजा सुमन को उसकी डाँट-फटकार के रूप में भुगतना पड़ता। सुमन को जब बेटी पैदा हुई, तब तो उसका जीना हराम हो गया। सास हमेशा ताने मारती, "कैसी कुलच्छिनी के पैर हमारे घर में पड़े! बेटे को नौकरी तक न मिली, ऊपर से बेटी पैदा कर छाती पर मूँग दल रही है।"

दीदी की वैवाहिक स्थिति देख सुरभि का शादी से मोहभंग हो गया। उसे अपने पैरों पर खड़ा होना ज्यादा जरूरी लगता। इंटरमीडिएट के बाद जब मम्मी-पापा ने उसकी भी शादी करनी चाही तो उसने साफ इनकार कर दिया। वह किसी तकनीकी विषय से स्नातक करना चाहती थी

अथवा कोई ऐसी ट्रेनिंग लेना चाहती थी, जो जॉब ओरिएंटेड हो। अपने जीजाजी का हाल वह देख चुकी थी। एम.ए. करने के बावजूद उन्हें कोई नौकरी नहीं मिली।

अखबार में नौकरी का विज्ञापन देखते हुए सुरभि एक जगह अटक गई। यह विज्ञापन प्रयोगशाला तकनीशियन के पद पर नौकरी हेतु था। पूरे राज्य के लिए कुल 614 पदों की रिक्तियाँ थीं। इतनी ज्यादा रिक्तियाँ शायद पहले कभी नहीं निकली थीं। सुरभि सोचने लगी—'यदि मैंने भी प्रयोगशाला तकनीशियन का कोर्स कर लिया होता, तो ये नौकरी तो लगभग तय ही थी।' पर शायद किस्मत को यह मंजूर नहीं। पर किस्मत को वह दोष क्यों दे रही है? किस्मत तो उसके अनुकूल ही थी। कारण तो कुछ और ही था।

सुरभि को लगभग तीन वर्ष पूर्व की घटना याद आने लगी, जब उसने इंटरमीडिएट साइंस की परीक्षा पास की थी। वह सोच में थी कि इंटरमीडिएट के बाद क्या करे? तब इसी तरह अखबार पलटते हुए एक विज्ञापन पर नजर गई। शहर के प्रतिष्ठित संस्थान में पैरामेडिकल विषयों में प्रशिक्षण हेतु आवेदन आमंत्रित कर रखा था। इस संस्थान में प्रशिक्षण की फीस थोड़ी ज्यादा है। पापा उसे फॉर्म भरने की अनुमति देंगे, सुरभि को इसमें संदेह था। इसलिए उसने डरते-डरते पापा से फॉर्म के लिए दो सौ रुपए माँगे। पापा जब तुरंत मान गए, तब उसे थोड़ा आश्चर्य भी हुआ। पापा ने दो सौ की जगह चार सौ रुपए देते हुए कहा, "एक फॉर्म सूरज के लिए भी लेती आना।"

सूरज, सुरभि का बड़ा भाई, पर सुमन से छोटा। दो बहनों के बीच इकलौता भाई होने के कारण लाड़-दुलार उसे कुछ ज्यादा ही मिलता। मम्मी उसका खास ध्यान रखतीं। मम्मी-पापा को उससे बहुत उम्मीदें थीं। वे चाहते थे कि उनका बेटा डॉक्टर-इंजीनियर बने। उनकी तरह ऑफिस क्लर्क नहीं। इसलिए इंटरमीडिएट साइंस के बाद सूरज को

कोचिंग इंस्टीट्यूट में पढ़ने भेजा गया। इच्छा तो सुरभि की भी थी, पर वह जानती थी, उसके पापा की आर्थिक स्थिति ऐसी नहीं है कि दो-दो बच्चों की कोचिंग की फीस अफोर्ड कर सकें। सूरज लड़का है—कुल का चिराग, माँ-बाप के बुढ़ापे की लाठी! उसपर खर्च करने में कटौती कैसी? साल भर कोचिंग के बाद भी सूरज मेडिकल कम्पीट नहीं कर पाया। दूसरे साल की तैयारी के बाद भी जब वह कम्पीट नहीं कर पाया तो पापा की उम्मीदें टूट गईं। उसने सोचा कि 'सूरज कम-से-कम कोई पैरामेडिकल कोर्स ही कर ले! इसीलिए उन्होंने सुरभि को दो फॉर्म खरीदने को कहा।'

सुरभि सोचने लगी कि 'बड़ा भाई होने के नाते यह काम सूरज को करना चाहिए। वह फॉर्म खरीदकर लाता, खुद फॉर्म भरता और सुरभि से भी भरवाता। पर नहीं, लड़का होने के कारण सारी सुविधाएँ तो उसे मिलतीं, पर जब जिम्मेदारी की बात आती तो वह बहनों के हिस्से आती।'

सुरभि जब फॉर्म लेकर आई तो पिता ने कहा कि वही दोनों फॉर्म भर दे। सूरज यह फॉर्म भरने को तैयार ही नहीं था। उसकी नजर में पैरामेडिकल कोर्स उसके स्तर का नहीं है। वह तो मेडिकल अफसर बनना चाहता था। यदि नहीं बन पाया, तब भी अफसर से नीचे की नौकरी उसे मंजूर नहीं थी। पर इसके लिए मेहनत भी करनी पड़ती है, यह वह भूल जाता। सुरभि ने दोनों फॉर्म भरकर जमा कर दिए। सूरज ने तो फॉर्म पर सिर्फ हस्ताक्षर ही किए थे। फॉर्म भरने के बाद सुरभि पूरे मनोयोग से प्रवेश-परीक्षा की तैयारी में लग गई, क्योंकि हर हाल में वह यह प्रशिक्षण लेना चाहती थी। सूरज को इन सबसे कोई मतलब नहीं था, वैसे भी वह खुद को सुरभि से बेहतर समझता था।

जब प्रवेश-परीक्षा का परिणाम निकला तो माता-पिता बहुत खुश हुए। सूरज एवं सुरभि दोनों को साक्षात्कार के लिए बुलाया गया था। सूरज को सुरभि से सिर्फ एक नंबर कम मिला था। माता-पिता ने सोचा,

दोनों भाई-बहन साथ में प्रशिक्षण लेंगे तो यह भी अच्छा ही रहेगा।

प्रयोगशाला तकनीशियन के प्रशिक्षण की सिर्फ बारह सीटें थीं। मेरिट लिस्ट में सुरभि बारहवें और सूरज तेरहवें स्थान पर था। यदि मेरिट लिस्ट के ऊपर से कोई एक भी विद्यार्थी नामांकन नहीं कराता तो दोनों भाई-बहन इस कोर्स में नामांकन करा पाते। पर ऐसा हुआ नहीं। ऊपर के सभी विद्यार्थियों ने अपना नामांकन करा लिया, अब सुरभि यदि अपना नामांकन कराती तो सूरज का नामांकन नहीं हो पाता।

सुरभि को माता-पिता ने समझाया कि फिलहाल इस प्रशिक्षण की ज्यादा जरूरत सूरज को है, क्योंकि वह लड़का है। परिवार की जिम्मेदारी उसे ही उठानी है, इसलिए कोई भी नौकरी करना उसके लिए आवश्यक है। सुरभि लड़की है, नौकरी न भी मिले तो शादी हो ही जाएगी। शादी के बाद सुरभि की जिम्मेदारी उसके पति की होगी। ससुरालवाले चाहेंगे तो वह नौकरी भी कर सकती है। सुरभि को तब बहुत बुरा लगा था। कमरे में जाकर वह खूब रोई थी।

हर बात में लड़के-लड़की में फर्क किया जाता है। घर पर सारी सुविधाएँ लड़के को मिलती हैं, जबकि लड़की को घर की जिम्मेदारी भी निभानी पड़ती है। भाई का हर बात में खयाल रखना पड़ता है। उसके खाने-पीने का खयाल, उसके कमरे की सफाई करना, भाई के कपड़े साफ करना। सबकुछ तो सुरभि ही करती। सुबह-शाम रसोई में माँ की मदद करनी होती, क्योंकि वह लड़की है। जल्दी-जल्दी काम निपटाकर वह कॉलेज जाती। लड़के इन कामों से बरी होते, फिर भी वे मन लगाकर पढ़ाई नहीं करते। लड़कियाँ घर का काम करते हुए पढ़ाई में अच्छी भी रहें, तब भी इसका कोई क्रेडिट उन्हें नहीं मिलता। यह तो सुरभि ही जानती थी कि सूरज तेरहवें स्थान पर भी कैसे आ पाया! प्रवेश-परीक्षा में सूरज की सीट सुरभि के ठीक पीछे थी। सुरभि अपनी उत्तर-पुस्तिका उसे दिखाती जाती थी, ताकि सूरज सही उत्तर लिख सके। अब उसे खुद पर

गुस्सा आने लगा कि क्यों उसने सूरज की मदद की? यदि तेरहवें नंबर पर सूरज के बजाय कोई और होता तो ऐसी नौबत आती ही नहीं। पर शायद यह लड़की के संस्कार में ही घुला हुआ है कि वह अपने से ज्यादा भाई का खयाल रखे। अब भाई के लिए कॅरियर की कुरबानी! शायद कुरबानी देना भी सिर्फ लड़कियों के हिस्से ही आता है। अपनी छोटी-छोटी इच्छाओं की कुरबानी और अब अपने कॅरियर की कुरबानी भी!

सूरज का नामांकन प्रयोगशाला तकनीशियन प्रशिक्षण कोर्स में हो गया। मन मसोसकर सुरभि ने कला संकाय में स्नातक करने का निश्चय किया। सूरज प्रशिक्षण पूरा कर लेता तो सुरभि को कोई अफसोस नहीं होता। सोचती, उसकी कुरबानी से भाई का भविष्य तो सुरक्षित हो गया, पर सूरज को यह कोर्स करना जरा भी पसंद नहीं था। वह हमेशा ऊँचे-ऊँचे सपने देखता। सपने देखना बुरा नहीं है, पर उसे हकीकत में बदलने के लिए प्रयास करना भी आवश्यक है। सूरज घर से प्रशिक्षण के लिए निकलता, पर दिन भर इधर-उधर घूमकर वापस आ जाता। इसका पता तो तब चला, जब उसका नामांकन रद्द होने की सूचना पिता को मिली।

पिता ने सूरज को समझाते हुए फीस जमा कर पुनर्नामांकन कराया। कुछ दिन तक तो वह संस्थान जाता रहा, क्योंकि उसके पिता खुद उसे वहाँ पहुँचा आते। पर उसका मन वहाँ लगता ही नहीं था। दिन भर बेमन से वहाँ रहता, जब पिता को विश्वास हो गया कि सूरज संस्थान में ही रहता है तो उन्हें लगा, अब सूरज का मन पढ़ाई में रम गया है और वह अपनी जिम्मेदारी समझने लगा है। उन्होंने सूरज को संस्थान पहुँचाना छोड़ दिया। कुछ दिनों बाद सूरज ने भी संस्थान जाना छोड़ दिया। इधर-उधर भटककर वापस घर आता। एक दिन पिता ने जब उसे डाँटा तो वह रात को घर नहीं लौटा। आशंकाओं से घिरी माँ रात भर परेशान रही। पिता ने जब उसे समझाने की कोशिश की, तो वह उनपर ही बरस पड़ी, "एक ही तो बेटा है। जवान बेटे को डाँटना नहीं चाहिए। उसने

कुछ उलटा-सीधा कर लिया तो···।" सूरज की अकर्मण्यता देख पिता का पारा चढ़ने लगता, पर माँ की ममता की छाँव उसे रोक लेती। बाद में पिता ने सूरज को कुछ कहना ही छोड़ दिया।

आज अखबार में प्रयोगशाला तकनीशियन का विज्ञापन देखकर सुरभि सोचने लगी—'यदि मैंने यह प्रशिक्षण ले लिया होता तो नौकरी लगभग तय ही थी। यदि सूरज ने ही यह कोर्स कर लिया होता और उसे नौकरी मिल जाती, तब भी उसे अफसोस नहीं होता। यह सोचकर संतोष कर लेती कि उसकी कुरबानी व्यर्थ नहीं गई।'

"सुरो! अखबार के एक ही पन्ने पर नजर गड़ाए बैठी हो! ऐसा क्या है उस पन्ने पर? जरा मुझे भी तो देखने दो।" पापा ने पहला पन्ना सुरभि को देते हुए जब कहा तो सुरभि वर्तमान में लौटी। उसकी आँखें डबडबाई हुई थीं और सिर भारी। सामने स्टूल पर रखी अधपियी चाय ठंडी हो चुकी थी। उसने अखबार के बाकी पन्ने पापा को दे दिए और वहाँ से उठ गई। उसे अब और अखबार पढ़ने की इच्छा ही नहीं हुई।

□

2

लाइलाज कष्ट

टेबल पर डाक द्वारा आए पत्र-लिफाफे को देखकर आश्चर्य हुआ। फोन, मोबाइल और इ-मेल के जमाने में पत्र? लिफाफे पर लिखा पता कुछ अधूरा-सा था और लिखावट भी अपरिचित थी। भेजनेवाले का अनुमान करते हुए पत्र उलट-पलटकर देखा, सिर्फ एक हस्ताक्षर था, वह भी अस्पष्ट। कौन हो सकता है? कोई बुजुर्ग ही होगा! आज की पीढ़ी के लोगों को तो पत्र लिखना आता ही नहीं। सारे काम मैसेज अथवा इ-मेल द्वारा ही संपन्न होते हैं। बहुत हुआ तो फोन पर बात कर ली। हाल-समाचार, सवाल-जवाब फटाफट हो गया। बात खत्म। पत्र लिखने की फुरसत किसे है?

मुझे अपने जमाने की याद आ गई, तब हम कितने मनोयोग से किसी को पत्र लिखते थे! चाहे वह पत्र माता-पिता को लिखे गए हों अथवा मित्र को अथवा किसी व्यक्ति विशेष को। पत्र लिखना भी एक कला थी। पत्र लिखने में शब्दों के चयन का विशेष ध्यान रहता, ताकि पत्र पानेवाले तक अपनी बात पहुँचाई जा सके। उस पत्र-लेखन में कितनी आत्मीयता होती थी, कितनी संवेदना होती थी! पत्र के माध्यम से हम वो बात भी लिख जाते थे, जिसे सामने कहने में संकोच अथवा डर होता था। पत्र लिखने के बाद पत्र के जवाब का इंतजार रहता। दूरी के अनुसार पत्र पहुँचने में तीन-चार दिन से सप्ताह भर का समय लग जाता, फिर इतना ही समय पत्र का जवाब आने में। इस तरह सप्ताह, दो सप्ताह पत्र का जवाब आने

का इंतजार होता। इस इंतजार में कोई उकताहट नहीं होती, बल्कि एक जुड़ाव-सा रहता।

पत्र मिलने के बाद उस पत्र को कई-कई बार पढ़ा जाता। एक-एक शब्द में छुपे छलकते प्यार को महसूस किया जाता, रिश्तों की गरमाहट महसूस की जाती, फिर पत्र को सहेजकर रख दिया जाता। जब भी पत्र लिखनेवाले की याद आती, पत्र का स्पर्श उसके करीब होने का अहसास कराता। बार-बार एक ही पत्र पढ़कर भी जी नहीं भरता, क्योंकि पत्र महज कागज का टुकड़ा नहीं होता। उसमें पत्र लिखनेवाले की भावनाएँ, संवेदनाएँ समाहित होतीं। पत्र लिखनेवाले के वजूद का अहसास कराता।

मैंने लिफाफा खोला। सबसे पहले पत्र लिखनेवाले का नाम जानना चाहा। हस्ताक्षर ऐसे थे, जिससे कुछ स्पष्ट पता नहीं चल रहा था। थोड़े प्रयास के बाद लगा, नाम हर्षवर्धन है। याद करने की कोशिश की, पर हर्षवर्धन नाम के किसी व्यक्ति की कोई तसवीर मेरे जेहन में नहीं उभरी। रिश्तेदारी में दूर-दूर तक इस नाम का कोई व्यक्ति नहीं था और न ही इस नाम का कोई मित्र था। पत्र पढ़ने पर शायद कुछ पता चले!

मैंने पत्र पढ़ना शुरू किया। पत्र के दाहिने कोने पर स्थान का नाम मुजफ्फरपुर लिखा हुआ था, उसके नीचे आज से सप्ताह भर पहले की तारीख थी। पत्र इंग्लिश में लिखा था, जिसका सार ये है—

आदरणीय डॉक्टर साहब,
सप्रेम नमस्कार।

आपको यह पत्र पाकर कुछ आश्चर्य हुआ होगा। सबसे पहले तो मैं आपको अपनी याद दिला दूँ। मैं डॉ. हर्षवर्धन, रिटायर्ड इंग्लिश का प्रोफेसर हूँ। मेरी आपसे मुलाकात पत्नी के इलाज के दौरान हुई थी। मेरी पत्नी का पित्त की थैली का ऑपरेशन होना था। ऑपरेशन के पहले प्री-एनेस्थेटिक चेकअप होना आवश्यक होता है। इसी दौरान आपसे मुलाकात हुई थी। उस समय मैं बहुत परेशान था। पत्नी

की बीमारी, बच्चों का हमसे दूर रहना…। मैं खुद को बहुत अकेला और असहाय सा महसूस करने लगा था, जबकि जब कभी मैं बीमार होता, पता नहीं कैसे पत्नी अकेले सब सँभाल लेती! मेरी तीमारदारी करती, मेरा पूरा खयाल रखती। पर कभी उसके चेहरे पर घबराहट अथवा परेशानी नहीं देखी। पत्नी बीमार क्या हुई, मैं परेशान हो गया। मेरा आत्मविश्वास डगमगाता-सा लगा। जीवन की निस्सारता का बोध होने लगा था। जिन बच्चों की परवरिश में हम पति-पत्नी जीवन भर लगे रहे, वे ही बड़े होकर हमसे दूर चले गए। जीवन भर जगह की तंगी के साथ सरकारी आवास में रहा तो रिटायरमेंट के बाद खुली जगह में बड़ा सा मकान बनवाया। पर आज हम पति-पत्नी के अलावा उस मकान में रहनेवाला कोई नहीं है।

मैं रिटायर्ड व्यक्ति हूँ तो इतनी बातें लिख रहा हूँ, पर आप तो व्यस्त डॉक्टर हैं। आपको लंबे पत्र पढ़ने की शायद फुरसत न हो, इसलिए मैं सीधे काम की बातें करता हूँ। आपसे मिलने के बाद मेरे जीवन की दिशा ही बदल गई। मेरे अंदर जो नकारात्मक विचार उभरने लगे थे, उनका अंत हो गया। मैं और मेरी पत्नी दोनों ने अपनी ऊर्जा सकारात्मक दिशा में लगाने की पहल की है।

पत्नी के ठीक हो जाने के बाद मैंने अपने मकान के एक कमरे में स्कूल शुरू किया है। इसमें आसपास के मोहल्ले के गरीब बच्चे ही पढ़ते हैं। मैं और मेरी पत्नी इन बच्चों को मुफ्त में पढ़ाते हैं। इन बच्चों की पुस्तक-कॉपी की व्यवस्था भी हम ही करते हैं। अभी बच्चों की संख्या सिर्फ आठ है। मैं और मेरी पत्नी दोनों बहुत खुश हैं।

हम आपका धन्यवाद करना चाहते हैं, क्योंकि आपने हमारे जीवन को एक दिशा दी। जीवन जीने का एक मकसद सुझाया। हम चाहेंगे कि जब कभी आपको फुरसत मिले अथवा आपका इधर आना हो तो हमारे यहाँ अवश्य पधारें। जो बीज आपने हमारे अंदर डाला,

उसे अंकुरित होता देख आपको भी प्रसन्नता होगी। ये सब बातें मैं आपको फोन द्वारा भी कह सकता था, पर पत्र द्वारा जो मैं कह सका, वह फोन द्वारा संभव न था।

पुनः धन्यवाद।

आपका

—हर्षवर्धन

पत्र पढ़ने के दौरान मैं डॉ. हर्षवर्धन का चेहरा याद करने की कोशिश करता रहा। रोज कितने ही मरीज एवं उनके साथी ऑपरेशन के पहले मुझसे मिलते हैं। चेकअप के दौरान कितने ही लोगों से बातें होती हैं। किस-किस को याद रखूँ? पर पत्र पूरा होते-होते मुझे डॉ. हर्षवर्धन का चेहरा पूरी तरह से याद आ गया। वह मँझले कद का गोरा व्यक्ति था। सिर के बाल लगभग सफेद थे। सफेद पैंट-शर्ट में उनका व्यक्तित्व एक आकर्षक बुजुर्ग का लग रहा था। चेहरे से परेशानी साफ झलक रही थी। उनसे मेरी काफी देर तक बातें होती रही थीं, शायद मेरी बातों से वे प्रभावित थे, तभी तो ऑपरेशन के बाद भी वे मुझसे मिलने आए थे। अकसर ऑपरेशन हो जाने के बाद लोग सर्जन को तो याद रखते हैं, पर किसी निश्चेतक (एनेस्थेटिस्ट) को नहीं।

डॉ. हर्षवर्धन से हुई बातें मैं लगभग भूल ही चुका था, क्योंकि जो भी बातें हुई थीं, वे बिल्कुल सामान्य थीं। समस्या भी कोई विशेष नहीं, बस आज की व्यस्त जिंदगी से संबंधित थी, जैसे—बच्चों का पढ़ाई एवं नौकरी के लिए माता-पिता से दूर जाना, माता-पिता का अकेलापन महसूस करना इत्यादि। अब मुझे उनके साथ हुई वार्त्तालाप की बातें याद आने लगीं।

लगभग साल भर पहले की बात है। किसी भी मरीज का ऑपरेशन से पहले निश्चेतक द्वारा जाँच करना जरूरी होता है। वह जाँच कर यह बताता है कि मरीज ऑपरेशन एवं उसके लिए की जानेवाली बेहोशी के लिए फिट है अथवा नहीं? उस दिन एक बुजुर्ग महिला जाँच के लिए

आई। वह मँझले कद की थी। उम्र के हिसाब से बहुत नहीं, पर थोड़ी मोटी थी। महिला के पित्त की थैली में पथरी हो गई थी, जिसका ऑपरेशन कराना था। डॉ. हर्षवर्धन इसी मरीज के पति थे।

कमरे में आते ही उन्होंने अपना परिचय दिया, "मैं डॉ. हर्षवर्धन, रिटायर्ड इंग्लिश का प्रोफेसर हूँ।"

"आपसे मिलकर खुशी हुई।" मैंने औपचारिकता निभाते हुए अपना दाहिना हाथ मिलाने को बढ़ा दिया। उन्होंने भी गरमजोशी से हाथ मिलाया।

मरीज की जाँच करने एवं सारी रिपोर्ट देखने के बाद मैंने कहा, "सबकुछ ठीक है। कल मरीज का ऑपरेशन हो जाएगा।"

"किसी तरह की परेशानी की कोई बात तो नहीं?"

वे आश्वस्त होना चाहते थे, किसी भी मरीज के साथी की तरह।

"बिल्कुल नहीं, कोई परेशानी नहीं।" मैंने आश्वस्त करते हुए कहा। मरीज की जाँच मैं कर चुका था और वह आखिरी मरीज थी। मुझे कोई हड़बड़ी नहीं थी, इसलिए मैं आराम से बातें कर रहा था।

"डॉक्टर साहब। बड़ा कष्ट है।" मेरी बातचीत से वे थोड़ा बेतकल्लुफ हो गए थे। मैंने समझा, पत्नी की बीमारी से परेशान होकर ऐसा कह रहे हैं, अतः समझाते हुए कहा, "पित्त की थैली में पथरी का होना तो अब आम बात हो गई है। पहले यह बीमारी बड़ी उम्र की मोटी महिलाओं में ज्यादातर होती थी, अब यह किसी भी उम्र में हो जाती है। यहाँ तक कि किशोरावस्था में भी। ऐसे चार-पाँच ऑपरेशन तो रोज हमारे अस्पताल में होते हैं। ऑपरेशन मरीज को बेहोश करके होगा, फिर कष्ट कैसा?"

"वह कष्ट नहीं डॉक्टर!"

"फिर कैसा कष्ट? आर्थिक कष्ट है क्या? क्या आपको पेंशन नहीं मिलती?"

"पेंशन तो बराबर मिल रही है। पैसे की कोई कमी नहीं है। कुछ पारिवारिक कष्ट है।"

"क्या बेटे को नौकरी नहीं मिल रही है?"

"ये बात नहीं है डॉक्टर! दोनों बेटे अच्छी नौकरी में हैं। बड़ा बेटा और बहू दोनों ही इंजीनियर हैं। दोनों अमेरिका में नौकरी करते हैं। छोटा बेटा बैंक में ऑफिसर है, दिल्ली में नौकरी करता है।"

"क्या बेटियों की शादी नहीं हो रही?"

"नहीं डॉक्टर, ऐसी बात नहीं है। दोनों बेटियों की अच्छे घरों में शादी हो गई है।"

"तो क्या बेटी के ससुरालवाले दहेज के लिए परेशान करते हैं?"

"नहीं, दोनों बेटियों के ससुरालवाले संपन्न हैं और बहुत अच्छे हैं।"

"अभी ऑपरेशन के समय क्या आपके साथ कोई बेटा या बेटी नहीं है?"

"है न! ऑपरेशन की बात सुन छोटा बेटा बहू के साथ दिल्ली से आ गया है। कल सुबह तक बड़ी बेटी भी आ जाएगी।"

"सबकुछ तो ठीक है। आपको न तो पैसे की कमी है। जरूरत पड़ने पर आपके बेटे-बेटी भी आपके साथ हैं। सबकुछ तो है आपके पास; और क्या चाहिए मनुष्य को सुखी रहने के लिए? फिर कष्ट कैसा?"

मैं उनसे बातें करते हुए चुटकियाँ लेने लगा था। इतना सुखी-संपन्न व्यक्ति है, फिर भी संतुष्ट नहीं है! इससे ज्यादा और क्या चाहिए मनुष्य को सुखी रहने के लिए? पर मनुष्य जितना पाता है, उससे कहीं ज्यादा पाने की कामना करता है। मनुष्य की लालसाएँ बढ़ती ही जाती हैं, इसका कोई अंत नहीं।

"हमारा कष्ट आप नहीं समझेंगे डॉक्टर!"

"ऐसी भी क्या बात है, जो मैं समझ न सकूँ?"

"दरअसल, बात ये है कि शहर से थोड़ी दूर हमारा बड़ा सा दोमंजिला मकान है। घर के सामने बड़ा सा लॉन और पीछे बाग-बगीचे हैं। नौकरी करते हुए सब दिन सरकारी क्वार्टर में रहा। सोचता था, रिटायर होऊँगा तो खुली जगह में हवादार घर बनाऊँगा। शहर के कोलाहल से दूर, प्रकृति के करीब रहेगा। इसलिए मैंने शहर के बाहर घर बनवाया।"

"इस मामले में भी तो आपकी इच्छा पूरी हुई, फिर कष्ट कैसा?"

"इतने बड़े मकान में सिर्फ हम पति-पत्नी रहते हैं। घर खाली-खाली सा लगता है।"

"तो क्या आप चाहते हैं, आपका बेटा नौकरी छोड़कर आपके साथ रहने लगे?"

"नहीं डॉक्टर, पर वह अपनी पोस्टिंग यहाँ तो करवा सकता है न!"

"क्या आपको लगता है, ये आपके वश में है? नहीं न, फिर आप ऐसी इच्छा हीं क्यों करते हैं, जिसकी पूर्ति न होने पर आपको कष्ट हो?"

"... ... ... "

"आप ही क्यों नहीं चले जाते बेटे के पास रहने के लिए? क्या बेटा आपको अपने पास रखना नहीं चाहता?"

"ऐसी बात नहीं है डॉक्टर! वह तो चाहता है हम दोनों उसके साथ रहें। पर बहू-बेटे दोनों सुबह ही काम पर निकल जाते हैं और देर रात घर लौटते हैं। दिन भर हम अकेले रह जाते हैं, दो कमरों के फ्लैट में। दिल्ली में न किसी से जान-पहचान है और न कहीं निकल सकते हैं। दम घुटता है वहाँ। न खुली छत, न शुद्ध हवा, न खुला आसमान! जाड़े में धूप के एक कतरे को तरस जाते हैं। सबकुछ कृत्रिम है वहाँ, फिर अपने घर को सूना छोड़कर कैसे जाएँ?"

"सचमुच बड़ा कष्ट है आपको और वह भी लाइलाज!" मैंने जरा व्यंग्य करते हुए कहा। जानता हूँ, जीवन की नियति यही है।

दूसरे दिन मरीज का सफल ऑपरेशन हो गया। जाते-जाते डॉ. हर्षवर्धन कहने लगे, "मेरी समस्या के बारे में सोचिएगा।"

सबकी अपनी-अपनी समस्याएँ होती हैं, उन्हें सुलझाने की तो फुरसत होती नहीं है। दूसरे की समस्या का समाधान कोई कब सोचे? मैं तो उनसे बातें कर भूल भी गया।

लगभग पंद्रह-बीस दिन बाद वो फिर मुझसे मिलने आए। कहा, "पत्नी को ऑपरेशन के बाद री-चेकअप के लिए लेकर आए हैं। वह

बेटी के साथ अपनी बारी की प्रतीक्षा में सर्जन के कमरे के बाहर बैठी है। सोचा, आपसे मिलता जाऊँ।"

"सब ठीक-ठाक है न?" मैंने पूछा।

"पत्नी तो बिल्कुल ठीक है डॉक्टर! मेरे कष्ट के समाधान के बारे में कुछ सोचा?"

अचानक मुझे कुछ भी याद नहीं आया। याद आने पर सोचा, ओह! ये तो सीरियस हैं। मैं तो यू ही चुटकियाँ ले रहा था। कहा—

"आप खुद को व्यस्त रखिए।"

"पर किस तरह?"

"आप पढ़े-लिखे विद्वान् व्यक्ति हैं। नौकरी के दौरान कितने ही विद्यार्थियों को आपने पढ़ाया। पढ़ाना बरकरार रखिए।"

"पर मेरा घर शहर से दूर है। इतनी दूर ट्यूशन पढ़ने के लिए आने को कोई विद्यार्थी तैयार नहीं होता।"

"मैं ट्यूशन की बात नहीं कर रहा।"

"फिर?"

"विद्या-दान की बात कर रहा हूँ। आप पढ़ाइए उन लोगों को, जो इससे वंचित हैं, मुफ्त में। आसपास के बच्चों को पढ़ाइए, जो किसी कारणवश स्कूल नहीं जा पाते; फिर देखिए, कितना सुकून मिलता है!"

न जाने अचानक कहाँ से मेरे दिमाग में ये सब बातें आईं और मैंने कह दिया, तब मैंने सोचा नहीं था कि मेरी बातों पर कोई अमल भी करेगा। कॉलेज का प्रोफेसर, वह भी इंग्लिश का! झुग्गी-झोंपड़ी के बच्चों को क ख ग क्यों पढ़ाने जाएगा, वह भी मेरे कहने पर! मैंने तो उन्हें टालने के लिए कह दिया था।

अब यह पत्र पाकर मुझे खुशी हुई। मेरी कही बातों से किसी के जीवन को एक दिशा मिल गई थी। मुझे लगा—कोई भी कष्ट लाइलाज नहीं होता।

□

3

याचक

उजले पोस्टकार्ड पर काली स्याही से टंकित अक्षर बता रहे थे कि यह किसी के श्राद्धकर्म का निमंत्रण-पत्र है। मैंने कार्ड हाथ में लेकर आदतन उसका एक कोना फाड़ दिया। सोचने लगा—ये किसके श्राद्ध का निमंत्रण-पत्र हो सकता है? हाल-फिलहाल में किसी करीबी रिश्तेदार की मृत्यु की कोई सूचना आई नहीं है। कार्ड ठीक से पढ़ा—किसी रामलाल अग्रवाल के श्राद्ध का निमंत्रण-पत्र था। मैंने बहुत याद करने की कोशिश की, पर दूर-दूर तक कोई अग्रवाल न मेरा मित्र था, न कोई सहकर्मी! फिर यह कार्ड किसका? कार्ड कई बार उलट-पलटकर देखा, पते की जगह मेरा ही नाम लिखा हुआ था, पर सिर्फ आखिरी नाम—डॉ. सुमन। जबकि मेरा पूरा नाम परिमल कुमार 'सुमन' है। लोग मुझे डॉ. पी.के. सुमन के नाम से जानते हैं। 'सुमन' उपनाम मैंने अपनी किशोरावस्था में रखा था, जब मुझे भी अपनी उम्र के तकाजे के अनुसार कविता करने का शौक चर्राया था। कुछ कविताएँ स्कूल पत्रिका में छपी भी थीं और कुछ स्थानीय समाचार-पत्रों, पत्रिकाओं में। बाद में यही नाम मेरी पहचान बनकर रह गया। कुछ दोस्त मुझे चिढ़ाने के लिए 'परि' कहकर पुकारते थे और कुछ 'मल'।

मैंने कार्ड कई बार उलट-पलटकर देखा। विनीत—श्यामलाल अग्रवाल। नाम कुछ जाना-पहचाना सा लगा। याद करने की कोशिश की। आज के समाचार-पत्र में कोई शोक संदेश छपा था। मैंने अखबार

उठाकर देखा। यह वही नाम था—रामलाल अग्रवाल, शहर के बहुत बड़े व्यवसायी। श्यामलाल अग्रवाल, उसका भाई, जिसने यह शोक-संदेश छपवाया है। कार्ड पर जो कार्यक्रम छपा था, वह हू-ब-हू वही था, जो अखबार में छपा था। मैं सोचने लगा—बड़े-बड़े व्यवसायी मौत की सूचना भी किसी विज्ञापन की तरह देते हैं, पर कार्ड मुझे क्यों भेजा ? बस, औपचारिकतावश ही न!

मुझे दस-बारह दिन पहले की घटना याद आने लगी।

रात के कोई ग्यारह-सवा ग्यारह बजे का समय होगा। रात का खाना खाकर मैं सोने चला गया था। नींद का झोंका आया ही था कि मोबाइल की घंटी बज उठी। इच्छा तो हुई आँख बंद किए ही मोबाइल का स्विच ऑफ कर दूँ। ये आधुनिक गजेट जितनी सुविधा प्रदान करते हैं, उससे ज्यादा कभी परेशान भी करते हैं। नींद उचट चुकी थी। सोचा—देख ही लें, किसका फोन है ? कहीं कोई इमरजेंसी तो नहीं ? हमारे संस्थान के निदेशक का फोन था। इसे नजरअंदाज नहीं किया जा सकता था।

"प्रणाम सर!" फोन उठाते हुए रिफ्लैक्सली मैं खुद भी उठकर बैठ गया।

"डॉ. सुमन! इमरजेंसी में एक मरीज आया है, शायद ब्रेन हेमरेज का।"

"पर", आज तो मेरी कॉल ड्यूटी नहीं है।" मैंने टालना चाहा।

"वी.आई.पी. मरीज है, तुरंत इमरजेंसी पहुँचो। मैं भी वहाँ पहुँच रहा हूँ।" निदेशक ने आदेश देते हुए फोन काट दिया।

अब किसी बहाने की कोई गुंजाइश नहीं थी। निदेशक का आदेश था, खुद भी वहाँ पहुँच रहे थे।

तैयार होते हुए सोचने लगा—ये वी.आई.पी. मरीज भी क्या बला हैं! अकसर ही नींद हराम कर देते हैं। ड्यूटी किसी की भी रहे, मरीज को अटेंड मुझे ही करना पड़ता है। इमरजेंसी में ड्यूटी पर बैठे डॉक्टर को पता

है कि उनके कहने पर मैं कॉल अटेंड नहीं करूँगा, क्योंकि ड्यूटी मेरी नहीं है। हाँ, अपनी ड्यूटी मैं बखूबी निभाता हूँ, पर ड्यूटी किसी और की हो तो मैं क्यों कॉल अटेंड करूँ ? यह बात सभी जानते हैं, तभी तो निदेशक से कहलवाया है। होगा कोई नेता या किसी नेता का रिश्तेदार! ये नेताओं के रिश्तेदार या उनके गाँववाले खुद को किसी वी.आई.पी. से कम नहीं समझते। रिश्तेदार तो दूर, नेता के ड्राइवर या बॉडीगार्ड तक नेता का नाम लेकर धौंस देते हैं। अस्पताल में सभी जानते हैं कि इन सबका मुझपर कोई असर होता नहीं है, मेरे लिए तो सभी मरीज बराबर हैं।

इमरजेंसी पहुँचा तो देखा कि बड़ी-बड़ी कई गाड़ियाँ इमरजेंसी के सामने खड़ी हैं। इन सबके बीच मेरी मारुति कार कहीं खो-सी गई। गाड़ियों में हट्टे-कट्टे, बड़ी-बड़ी मूँछोंवाले व्यक्ति बैठे थे, शायद ड्राइवर कम बॉडीगार्ड, जैसा कि वी.आई.पी. लोगों के साथ होते हैं। जब तक मैं पहुँचा, निदेशक की गाड़ी भी वहाँ पहुँच गई। गाड़ी से उतरकर मैं तेजी से उस ओर गया, जहाँ मरीज को रखा गया था। ड्यूटी पर मौजूद डॉक्टर मरीज की जाँच कर चुका था, फिर भी मैंने मरीज का पूरा चेकअप किया। मरीज शहर का एक प्रतिष्ठित व्यवसायी था।

मरीज का चेकअप ट्रॉली पर ही किया गया, जिसका प्रयोग एंबुलेंस से मरीज को उतारने के बाद अस्पताल ले जाने के लिए किया जाता है। मरीज को तुरंत आई.सी.यू. ले जाने की जरूरत थी। मरीज ऐसा था, जिसे ट्रॉली से उठाकर बेड पर रखना, फिर जाँच के बाद बेड से उठाकर ट्रॉली पर रखना बड़ा ही कठिन कार्य था। पतली सी ट्रॉली पर मरीज का भारी-भरकम शरीर जैसे अँट नहीं रहा था। लेटी हुई अवस्था में भी मरीज के पेट की ऊँचाई काफी थी। ट्रॉली खिसकाने पर पेट थुल-थुल कर हिलने लगता। ऐसा लग रहा था, जैसे ट्रॉली में कोई आदमी नहीं, मांस का लोथड़ा रखा हो!

मरीज पूरी तरह बेहोश था। मैं तो मरीज को देखते ही, बिना जाँच किए ही समझ गया था कि इसे ब्रेन हेमरेज ही होगा, फिर भी जाँच करना तो आवश्यक ही था।

आई.सी.यू. में बेड की संख्या सीमित होती है। बेड के लिए अकसर मरीज को क्यू में लगना पड़ता है, पर ये सब तो साधारण मरीज के लिए होता है, अति विशिष्ट मरीज के लिए तो सारी व्यवस्था तुरत-फुरत कर दी जाती है। मरीज को आई.सी.यू. के बेड पर लिटाकर तुरंत ही वेंटीलेटरी सपोर्ट पर रखा गया। जीवनरक्षक जितनी दवाइयाँ दी जा सकती थीं, सब दे दी गईं। एक परिचारिका को सिर्फ उस मरीज की देखभाल की जिम्मेदारी सौंप दी गई, जबकि आई.सी.यू. में दो मरीज पर एक परिचारिका की व्यवस्था है।

सारी व्यवस्था करते हुए मैं बेहद थक गया था। निदेशक का आदेश था कि रात भर मैं अस्पताल में ही रहूँ, जबकि मेरा कॉल-डे था भी नहीं। जूनियर डॉक्टर ड्यूटी पर मौजूद था। इसलिए मैं आई.सी.यू. के साथ लगे डॉक्टर्स ड्यूटी रूम में चला गया। सोचा, थोड़ा आराम ही कर लूँ।

न्यूरोमेडिसिन के डॉक्टर होने की वजह से मुझे मालूम था कि मरीज के बचने की संभावना नहीं है। उच्च रक्तचाप के मरीज को यदि ब्रेन हेमरेज हो जाता है तो उसके बचने की संभावना न के बराबर रहती है। सबकुछ जानते हुए भी डॉक्टर का कर्तव्य होता है मरीज का यथासंभव इलाज करना, क्योंकि जब तक साँस है, तब तक आस है। पर मरीज की स्थिति से उनके परिजनों को अवगत कराना भी उतना ही आवश्यक होता है, अन्यथा परिजनों का अनावश्यक रोष झेलना पड़ता है।

मरीज के परिजनों में जो सबसे होशियार हो, उसे मैंने मिलने को कहा। तब मरीज का छोटा भाई मुझसे मिलने आया। श्यामलाल अग्रवाल उसी का नाम था। मोटापे की दृष्टि से मरीज से वह कुछ ही कम था। मँझोला कद, साँवला रंग। सफेद धोती-कुरते में निकली हुई तोंद उसके सेठ होने का प्रमाण दे रही थी। उसके हाथों की सभी उँगलियों में कीमती पत्थर जड़ी अँगूठियाँ थीं।

मैंने श्यामलाल को मरीज की स्थिति समझा दी। सारी बातें सुनकर वह कमरे से बाहर चला गया। पर कुछ ही देर बाद मरीज के बेटों के साथ फिर मेरे पास चला आया। बेटों के बदन पर ब्रांडेड कपड़े थे, पैरों

में ब्रांडेड जूते, गले में मोटी सोने की चेन, हाथ में महँगा मोबाइल फोन, उँगलियों में हीरे की अँगूठियाँ, जो रह-रहकर चमक उठती थीं। दोनों की उम्र लगभग बीस से पच्चीस के बीच होगी। उनके वैभव से मेरी आँखें एकबारगी चौंधिया गईं।

इतनी कम उम्र में इतना वैभव! सुख-सुविधा, वैभव जुटाना हो तो व्यवसायी ही होना चाहिए। अपनी तो आधी उम्र पढ़ाई करते बीत गई। पाँच वर्ष एम.बी.बी.एस. करने में, एक वर्ष इंटर्नशिप, फिर एम.डी. के लिए प्रतियोगी परीक्षा की तैयारी, तीन वर्ष एम.डी. के, फिर डी.एम. के लिए प्रतियोगिता परीक्षा की तैयारी, डी.एम. के तीन वर्ष की पढ़ाई। इतनी पढ़ाई करते हुए उम्र चौंतीस-पैंतीस की हो ही जाती है। इतना सब करने के बाद भी जरूरी सुख-सुविधा के साधन जुटाने के लिए कर्ज का ही सहारा लेना पड़ता है।

पिछले जन्मदिन पर पत्नी को मुझसे हीरे की अँगूठी मिलने की उम्मीद थी। पर सोने के झुमके से ही संतोष करना पड़ा।

"डॉक्टर साहब! क्या पिताजी ठीक नहीं हो सकते?" मरीज के बेटों ने पूछा तो मेरी तंद्रा भंग हुई। उनके चेहरे देखकर ऐसा लग रहा था, जैसे कह रहे हों—'डॉक्टर साहब! अब पिताजी की जान आपके ही हाथों में है।'

मुझे लगा कि मैं भी क्या सोचने लग गया था? जो ज्ञान मैंने अपनी मेहनत से संचित किया है, क्या ऐसा धन है उनके पास? यदि इस ज्ञान का उपयोग मैं व्यवसाय करने में लगाता तो मैं भी धन संचय कर सकता था; पर मैंने तो अपना ज्ञान मरीजों की सेवा करने में लगाया। इसीलिए तो अपनी सेवा सरकारी अस्पताल में दी, अपनी इच्छा से। इसके एवज में जो वेतन मिलता है, उससे संतुष्ट हूँ। मैं और मेरे परिवार की आवश्यकताओं की पूर्ति आराम से हो जाती है। ऐसे वैभव की कामना तो हमने कभी की ही नहीं। वैसे इच्छाओं का कोई अंत नहीं होता।

मरीज के बेटों को समझाया कि मरीज की स्थिति बहुत ही गंभीर है।

ब्रेन हेमरेज होने पर मरीज के बचने की संभावना बहुत ही कम होती है, पर जितना संभव हो, हम इलाज कर रहे हैं, पर लगता था, जैसे वे मेरी बातों से संतुष्ट नहीं थे।

"क्या हम बेहतर इलाज के लिए पिताजी को दिल्ली ले जा सकते हैं?" उन्होंने पूछा।

"क्यों नहीं? जहाँ चाहें ले जा सकते हैं। ये तो आपकी इच्छा पर है कि इलाज कहाँ कराना चाहते हैं? पर कहीं भी ले जाइए, कमोबेश यही इलाज वहाँ भी चलेगा, जो यहाँ चल रहा है। आप अपने मन की संतुष्टि के लिए कहीं भी ले जाइए।" मैंने सही स्थिति समझाने की कोशिश की, उन्हें यह भी अहसास कराना था कि यहाँ इलाज में कोई कमी नहीं की जा रही है।

इस तरह के मरीज को उसके परिजन अगर बेहतर इलाज के लिए ले जाना चाहते हों, तो कोई भी संस्थान इजाजत देने में तनिक भी देर नहीं करता, क्योंकि इस तरह के वी.आई.पी. मरीज की देखभाल में अनावश्यक रूप से ज्यादा ध्यान देना पड़ता है। यदि इलाज के दौरान मरीज की मृत्यु हो गई तो परिजनों का कोपभाजन भी बनना पड़ता है। इसलिए वी.आई. पी. मरीज का इलाज करने में एक तनाव-सा व्याप्त रहता है।

रात गुजर चुकी थी। सुबह दूसरे डॉक्टर को ड्यूटी हैंडओवर करने के बाद मैं अपने क्वार्टर चला गया। फ्रेश होकर, कमर सीधी करने जरा सा लेटा ही था कि निदेशक का फोन आ गया। फोन क्या, आदेश था—"मरीज के बेटे रामलाल को दिल्ली ले जाना चाहते हैं, चार्टर्ड प्लेन से। मरीज की स्थिति को देखते हुए एक डॉक्टर का साथ जाना जरूरी है।" चूँकि शुरू से मैं इलाज कर रहा था, इसलिए मुझे ही मरीज के साथ जाने का आदेश निदेशक ने दिया।

तुरंत मुझे जाना पड़ा। इससे पहले चार्टर्ड प्लेन तो क्या, मैंने किसी प्लेन से भी यात्रा नहीं की थी। ऐसा नहीं कि मुझे हवाई-यात्रा से भय हो। हवाई-यात्रा मेरे हिसाब से लक्जरी है। इसलिए जब भी यात्रा की, ट्रेन से ही

की। साल में कम-से-कम एक-दो बार नेशनल कॉन्फ्रेंस में भाग लेने मैं अवश्य ही जाता हूँ। जिसमें अपना शोध-पत्र भी पढ़ता हूँ, पर यात्रा हमेशा ट्रेन से ही की, भले ही यात्रा कितनी ही लंबी क्यों न हो, क्योंकि संस्थान से मुझे रेलयात्रा के लिए ही भत्ता स्वीकृत है, हवाई यात्रा के लिए नहीं।

मरीज को उनके बेटों की इच्छानुसार दिल्ली के एक मशहूर प्राइवेट अस्पताल में भरती कराकर मैं वापस आ गया। दूसरे ही दिन मुझे सूचना मिली कि मरीज की मृत्यु हो गई है। यह समाचार मेरे लिए अप्रत्याशित नहीं था, पर श्राद्ध के भोज के लिए निमंत्रण-पत्र का आना कुछ अप्रत्याशित जरूर था। श्राद्ध में लोग अपने करीबी रिश्तेदारों एवं मित्रों को ही बुलाते हैं। यह औपचारिकता निभाने का अवसर तो होता नहीं है। अस्पताल में कितने ही मरीज इलाज के दौरान मर जाते हैं, जिनकी स्थिति गंभीर होती है। लंबे इलाज के दौरान मरीज के परिजन एवं डॉक्टर के बीच एक रिश्ता-सा बन जाता है। बुलाने का कारण जो भी हो, मुझे उन अनजान-से लोगों के बीच जाना तो था नहीं, सो गया नहीं।

श्राद्ध के तीसरे दिन श्यामलालजी मुझसे मिलने आ गए। झक सफेद धोती-कुरता पहने, घुटे सिर पर गांधी टोपी लगाए किसी नेता-से लग रहे थे। आते ही कहने लगे—"डॉ. साहब, आपको ब्रह्मभोज का कार्ड भिजवाया था। क्या कार्ड मिला नहीं?"

"कार्ड मिला तो था, मैं व्यस्त था।"

"आप डॉक्टर लोग तो हमेशा ही व्यस्त रहते हैं।"

थोड़ा रुककर कहा, "आपसे कुछ बातें करनी थीं।"

"अफसोस! आपके भाई साहब गुजर गए। उनकी बीमारी ही ऐसी थी, जिसमें बचने की उम्मीद बहुत कम होती है। यदि कोई बच भी जाता है तो वह लकवाग्रस्त हो जाता है। जीवन सामान्य नहीं रह जाता है।" मुझे लगा कि वह अपने भाई के बारे में बात करने आया है, इसलिए मैंने पहले ही उसे स्थिति से अवगत कराना उचित समझा।

"होनी को कौन टाल सकता है? जो गुजर गए, उनके बारे में बात

क्या करनी? मुझे आपकी क्षमता पर अविश्वास भी नहीं है। जितना संभव था, आपने किया। बहुत नाम सुना है आपका। मुझे अभी अपने बारे में बात करनी है।"

"कहिए, मैं आपके लिए क्या कर सकता हूँ?"

श्यामलाल ने अपनी पैनी नजर पूरे कमरे में दौड़ाई, जैसे किसी और की उपस्थिति का जायजा ले रहा हो! जब पूरी तरह आश्वस्त हो गया कि कमरे में कोई नहीं है, तब मेरे करीब मुँह लाकर तनिक धीमी आवाज में कहा, "दरअसल··· समस्या मेरी बेटी की है।" कुछ अटकते हुए उसने कहा, "भाई साहब के इलाज के दौरान आपसे परिचय हुआ, तो मुझे लगा, आप मेरी परेशानी समझ सकते हैं और मेरी समस्या का समाधान भी कर सकते हैं।"

"... ... ... ?"

"मेरी बेटी की शादी को पाँच साल हो गए और उसे अभी तक कोई संतान नहीं हुई। बेटी के ससुरालवाले दामाद की दूसरी शादी कराना चाहते हैं।"

"क्यों? अब तो संतान-प्राप्ति के लिए हर तरह के उपाय उपलब्ध हैं। मेडिकल साइंस ने इतनी तरक्की कर ली है कि कुछ भी असंभव नहीं है। वह भी आप जैसे साधन-संपन्न लोगों के लिए!"

"यही तो दिक्कत है डॉक्टर साहब! दामाद इलाज के लिए दिखाने को तैयार ही नहीं है।"

"पर मैं क्या कर सकता हूँ? मैं तो एक न्यूरोफिजिशियन हूँ। कोई स्त्री-रोग विशेषज्ञ नहीं! मैं आपको फर्टिलिटी सेंटर का पता देता हूँ। अपनी बेटी-दामाद को वहाँ इलाज के लिए भेजिए। आपकी मनोकामना अवश्य पूरी होगी।"

"यही तो नहीं हो सकता।" उसने बेचारगी से कहा।

"फिर मुझसे आप क्या अपेक्षा करते हैं?"

"आप ही मेरी बेटी की जिंदगी बचा सकते हैं।" लगभग रोते हुए स्वर में उसने कहा।

फिर थोड़ा रुककर उसने कहा, "आपकी शक्ल-सूरत, कद-काठी, रंग-रूप मेरे दामाद से मिलती है।"

"क्या··· ··· ··· ···?" चौंकते हुए मेरा मुँह खुला-का-खुला रह गया।

ये इतने संपन्न व्यापारी किस सदी में जी रहे हैं? क्या उन्हें अपने व्यापार के अलावा किसी बात का ज्ञान नहीं? संतान-प्राप्ति के लिए टेस्ट ट्यूब बेबी जैसे उपाय तक उपलब्ध हैं। जिसका खर्च वहन करना इन लोगों के लिए कुछ भी नहीं है। कई लोग 'सरोगेट मदर' की सेवा तक लेते हैं। पर ये अभी तक महाभारत काल की सोच रखते हैं। दुनिया कहाँ-से-कहाँ पहुँच गई, पर इनकी सोच कई सदी पीछे की है। मेरा विचार था, पैसे से सबकुछ तो नहीं, पर बहुत-कुछ खरीदा जा सकता है। पर सोच या अक्ल तो खरीदी नहीं जा सकती। मुझे लगा कि वर्षों की मेहनत से संचित ज्ञान का जो भंडार मेरे पास है, वह इनके पास तो नहीं है। जो मेरे पास है, उसे न कोई छीन सकता है, न चुरा सकता है। इसे जितना खर्च करो, उतना बढ़ता ही जाता है। लगा कि जैसे मैं तो इनसे बहुत ज्यादा संपन्न हूँ। इनसे मेरी कोई तुलना ही नहीं।

मेरे सामने बैठा व्यक्ति, जिसकी सभी उँगलियों में हीरे-पन्ने की अँगूठियाँ झिलमिला रही थीं, गले में मोटी सोने की चेन, जिसकी आभा उजले कुरते से झलक रही थी, कलाई पर महँगी घड़ी, हाथ में महँगा मोबाइल, सबकुछ रहते हुए भी लगा, ये व्यक्ति कितना दरिद्र है! अपनी पुत्री की वैवाहिक स्थिति को बचाने के लिए मुझ जैसे व्यक्ति से जैसे भीख माँग रहा हो! उसकी कातर दृष्टि को देखते हुए मुझे लगा, जैसे मेरे सामने शहर का कोई प्रतिष्ठित व्यापारी नहीं, एक याचक बैठा हो!

□

4

काला धब्बा

ओ.पी.डी. के सभी मरीजों को देख चुकने के बाद मैं रजिस्टर बंद करने ही जा रही थी कि दरवाजे की ओट से झाँकती तबस्सुम दिखाई पड़ी। सिर से पाँव तक काले बुर्के में ढकी काया से सिर्फ चाँद-सा गोरा चेहरा दिखाई पड़ रहा था। तबस्सुम मेरी पुरानी मरीज है। लगभग एक साल से उसका इलाज चल रहा है, जब भी वह चेकअप के लिए आती, अकसर ऐसे ही समय में आती, जब मैं सारे मरीज देख चुकी होती, तब वह इत्मीनान से अपना दुःख-दर्द बतलाती।

मुझे देख वह हलके से मुसकराई। पर वह मुसकराहट बहुत फीकी-सी थी। लगभग एक साल से वह मेरे इलाज में है, इसलिए एक तरह से उससे आत्मीयता का बोध होने लगा। वह भी मुझे अपना हमदर्द समझने लगी थी। इसीलिए वह ओ.पी.डी. खत्म होने पर आती। तबतक मरीजों की भीड़ छँट चुकी होती। इत्मीनान से बातें करती। हो सकता है, अन्य मरीजों की उपस्थिति में बात करने में वह असहज महसूस करती हो अथवा अपनी पहचान छुपाना चाहती हो, इसलिए भी उसने यह समय चुना हो।

"आज अकेले आई हो?" उसके साथ किसी को न देखकर मैंने पूछा।

"हाँ! अम्मी के पैर में दर्द था।"

"उसे भी दिखलाने ले आती।"

"अम्मी कहती हैं, अस्पताल देखा हुआ है, खुद ही चली जाया कर।"

"चलो, यह भी ठीक है। अम्मी को क्यों परेशान करना! चलने-फिरने में उसे भी तो परेशानी होती है।"

"हाँ!"

"अभी क्या तकलीफ है?" अपने पेशे पर आते हुए मैंने पूछा।

"तकलीफ तो कोई खास नहीं है, पर आपने कहा था न कि महीने-पंद्रह दिन में आकर दिखला जाना।"

"हाँ! पर इस बार तो तुम पूरे चार महीने बाद आई हो?"

"आपके पास तो रोज कितने ही मरीज आते हैं। आप मुझे याद रखती हैं?"

"तुम्हें मैं कैसे भूल सकती हूँ?" गहरी साँस लेते हुए मैंने कहा।

"अच्छा बताओ, अभी कोई तकलीफ है?"

"बिना तकलीफ डॉक्टर के पास कोई जाता है क्या? पेट में हमेशा हलका दर्द रहता है। खाना पचता नहीं है। दिन में चार-पाँच बार पतला पैखाना भी हो जाता है।"

"लेट जाओ, मैं देखती हूँ।" कहते हुए मैंने एग्जामिनेशन टेबल की ओर इशारा किया। मैं जानती हूँ कि ये तकलीफ पूरी तरह से कभी ठीक नहीं होगी।

मैंने तबस्सुम का चेकअप किया और दवाइयाँ लिख दीं।

"इन सब दवाइयों से ठीक हो जाऊँगी न?" उसने आश्वस्त होना चाहा।

"ठीक होने की ही तो दवाई लिखी है।"

मैंने कहा, "पर थोड़ा समय लगेगा।"

"कितना समय लगेगा?"

"यह कहना तो थोड़ा मुश्किल है। ऐसा करना, तुम खाना थोड़ी-थोड़ी मात्रा में दिन में कई बार लेना। तली-भुनी और मसालेवाली चीजों से परहेज करना।"

"मसालेवाली चीजें खानी तो बिल्कुल ही छोड़ दी हैं मैंने, अब तो खाने की इच्छा भी नहीं होती। क्या सारी जिंदगी ऐसा ही चलेगा?" उसके चेहरे पर मायूसी छा गई। मुझे भी बुरा लगा, अभी उसकी उम्र ही कितनी है?

"पहले अच्छी तरह ठीक हो जाओ।" मैंने कहा तो वह जाने के लिए उठ खड़ी हुई। मैं उसे जाते हुए देखती रही। आहिस्ता-आहिस्ता वह चल रही थी। खुले दरवाजे के ठीक सामने से रास्ता दिखाई देता था। मैं उसे तब तक देखती रही, जब तक वह एक काले धब्बे में तब्दील न हो गई।

मैं जानती हूँ तबस्सुम कभी पूरी तरह ठीक नहीं हो पाएगी। पर यह बात मैं उससे कह नहीं सकती। मैं क्या, कोई भी डॉक्टर अपने मरीज को यह बात कह नहीं सकता, क्योंकि यह बात पता चलने पर उसकी रही-सही उम्मीद भी खत्म हो जाएगी और वह इलाज कराना छोड़ देगी। जब भी वह चेकअप के लिए मेरे पास आती, उस रात का भयावह दृश्य मेरे सामने सजीव हो उठता। ऐसा दृश्य मैंने अपने जीवन के पूरे सेवाकाल में कभी नहीं देखा था। वह दृश्य था ही इतना भयावह कि याद करके ही रोंगटे खड़े हो जाते हैं।

उस दिन मेरी इमरजेंसी ड्यूटी रात की शिफ्ट की थी। दस बजे तक मैं अस्पताल पहुँच गई थी। इमरजेंसी में भरती सभी मरीजों को देख चुकने के बाद मैं अपने कमरे में चली गई। लेटने की सोच ही रही थी कि एक नर्स ने आकर सूचना दी कि एक मरीज आई है, जिसकी स्थिति काफी खराब है। नर्स के साथ मैं मरीज को देखने चली गई। रात के ग्यारह बज चुके थे।

वह उन्नीस-बीस साल की गोरी, दुबली सी लड़की थी। शारीरिक कष्ट के बावजूद उसके चेहरे की सुंदरता में कोई कमी नहीं आई थी, बस, चेहरा जरा निस्तेज सा था। उसके साथ एक पुरुष एवं बुजुर्ग महिला थी। वेशभूषा देखकर लगता था, मरीज मुसलिम है।

मरीज को एग्जामिनेशन टेबल पर लिटा दिया गया था। वह निश्चल-सी पड़ी थी। उसकी आँखें मुँदी हुई थीं। मुझे आशंका हुई, साँसें चल भी रही हैं या नहीं? कहीं वह बेहोश तो नहीं? सबसे पहले मेरी उँगलियाँ उसकी नाड़ी टटोलने लगीं। नाड़ी चल रही थी, पर मध्यम थी। मैं आश्वस्त हुई। मरीज का नाम पूछा तो उसकी बंद पलकें एक बार खुलीं और एक पल के लिए उसकी नजर मेरे चेहरे पर ठहर गई। उसने फिर अपनी आँखें बंद कर लीं।

"तबस्सुम," साथ आई बुजुर्ग महिला ने मरीज का नाम बताया।

"आप मरीज की क्या लगती हैं?" मैंने पूछा।

"अम्मी हूँ।"

"इसे हुआ क्या है?"

"आप खुद ही देख लीजिए न।"

मुझे उसकी बात पर बड़ी झुँझलाहट हुई। मैं जल्द-से-जल्द मरीज की बीमारी का पता लगा उसका इलाज शुरू करना चाह रही हूँ और ये पहेलियाँ बुझाने में लगी हैं!

डॉक्टर के पास पहुँचने पर बहुत से मरीज यह अपेक्षा रखते हैं कि उनके बिना कुछ बताए ही डॉक्टर उसकी सारी तकलीफों का पता लगा लेगा। मैं स्त्री रोग विशेषज्ञ हूँ और इमरजेंसी भी इसी विभाग की है तो बीमारी भी इसी से संबंधित होगी, पर अभी क्या तकलीफ है, ये तो उसे बताना चाहिए। अकसर मेरा इस तरह के मरीजों से पाला पड़ता है, क्योंकि महिलाओं को स्त्री-रोग संबंधित तकलीफ बताने में झिझक होती है।

मरीज की स्थिति देखते हुए अभी मैं बहस करना नहीं चाहती थी, इसलिए सीधे मरीज की जाँच करने में लग गई। नाड़ी चल रही थी, पर धीमी थी। रक्तचाप देखा तो वह भी सामान्य से काफी कम था। मैंने एक नर्स को सलाईन लगाने का इंतजाम करने को कहा। दूसरी नर्स, जो मेरे साथ थी, उसे मरीज की टाँग उठाकर कपड़ा हटाने को कहा, ताकि जाँच कर सकूँ, फिर जो देखा, वह इतना भयावह था कि मेरे रोंगटे खड़े हो गए।

मरीज की दोनों टाँगों के बीच एक पॉलीथिन में कुछ बँधा पड़ा था। नर्स से पॉलीथिन खोलने को कहा। मुझे लगा था कि प्रसव के दौरान शिशु आधा बाहर आकर अटक गया होगा, जिसे पॉलीथिन में डालकर बाँधा गया होगा, पर उसमें मरीज की आँत बाँधकर रखी थी। हैरानी से मेरी चीख निकलते-निकलते रह गई। मेरे साथ जो नर्स थी, वह लगभग चीख ही पड़ी थी। सारी बातें मुझे समझ में आने लगी थीं।

इलाज तुरंत शुरू करना जरूरी था। मरीज को तुरंत सलाईन लगाया गया, एंटीबायोटिक का इंजेक्शन लगाया गया। एक जनरल सर्जन का ओपिनियन लेना आवश्यक था, क्योंकि पता नहीं कितनी देर से मरीज की आँत शरीर से बाहर थी? नर्स को इलाज के सारे इंस्ट्रक्शन दे दिए थे। यह जानना आवश्यक था कि ये हुआ कैसे? मरीज से जानकारी लेना मुश्किल था, क्योंकि वह बेसुध पड़ी थी। इसलिए उसकी माँ से ही सारी जानकारी लेनी थी।

उसने जो बताया, वह हमारी सामाजिक व्यवस्था पर ही सवाल खड़े कर देता है।

अच्छे नंबरों से बारहवीं की परीक्षा पास करने के बाद तबस्सुम ने बी.ए. पार्ट वन में एडमिशन लिया। उसके रिश्तेदार कहने लगे कि बेटी को इतना क्या पढ़ाना? बेपर्दा होकर लड़कों के साथ पढ़ने जाएगी। कुछ ऊँच-नीच हो गई तो बिरादरी में नाक ही कट जाएगी। घरवालों ने उसके लिए लड़का ढूँढ़ना शुरू कर दिया।

संयोग से एक सुयोग्य वर जल्दी ही मिल गया। तबस्सुम का निकाह हो गया और उसकी पढ़ाई छूट गई।

हर लड़की की तरह तबस्सुम ने भी शादी के ख्वाब सँजोए थे। वह चाहती थी कि शादी के बाद हनीमून के लिए शौहर के साथ कहीं बाहर घूमने जाए। पर शौहर का नया-नया बिजनेस था। पूरी तरह स्थापित नहीं था, अतः छोड़कर जाना संभव न था। शौहर को बिजनेस के सिलसिले में अकसर दूसरे शहर जाना पड़ता था, जब हनीमून के लिए समय निकालना मुश्किल हो रहा था, तब तबस्सुम ने कहा कि मुझे अपने साथ बिजनेस टूर पर ही ले चलो। कुछ दिन वह परिवार से दूर शौहर के साथ एकांत-सुख भोगना चाहती थी। हर बार वह 'अगली बार ले जाऊँगा' कहकर टालता रहा। उसका पूरा ध्यान बिजनेस स्थापित करने में था। इसी बीच तबस्सुम को पता चला कि वह गर्भवती है। इतनी जल्दी वह माँ बनना नहीं चाहती थी। वह तो कुछ दिन जिंदगी का लुत्फ उठाना चाहती थी।

अगली बार जब तबस्सुम के शौहर बिजनेस टूर पर गए तो वह अपनी अम्मी के घर आ गई। उसने जब अपनी अम्मी को गर्भवती होने की बात बताई तो वह खुश होती हुई बोली, "अच्छा! तो मैं नानी बननेवाली हूँ!"

"पर मुझे अभी बच्चा नहीं चाहिए।" नाराज होते हुए तबस्सुम ने कहा।

"क्या बकती हो! औलाद तो खुदा की नेमत होती है।"

"एक तो इतनी जल्दी मेरा निकाह कर दिया, अब ये बच्चा! मुझसे ये सब नहीं होगा।"

"यह क्या बक रही हो? निकाह हुआ है तो औलाद तो होगी ही। खुदा का शुक्र है, तू पेट से है। तुझे नहीं पता उनकी क्या हालत होती है, जिनकी औलाद नहीं होती? न शौहर का प्यार मिलता है, न ससुराल का।

हर वक्त यह डर लगा रहता कि कहीं शौहर तलाक न दे दे या दूसरा निकाह कर सौतन न ले आए! तू तो किस्मतवाली है।"

अम्मी के बहुत समझाने पर भी तबस्सुम की नाराजगी दूर नहीं हुई। दरअसल, वह अभी माँ बनने के लिए मानसिक रूप से तैयार ही नहीं थी।

शाम को अम्मी तबस्सुम को चेकअप के लिए एक स्त्री रोग विशेषज्ञ के पास लेकर गई। डॉक्टर ने जाँच कर तबस्सुम के गर्भवती होने की पुष्टि की। एहतियात से रहने की हिदायत दी। खून-पेशाब की जाँच कराने को लिखा, फिर रिपोर्ट लेकर मिलने को कहा।

"क्या ये बच्चा गिरा नहीं सकती हूँ?" अचानक ही तबस्सुम ने कहा तो अम्मी के साथ डॉक्टर भी चौंक गई। अम्मी को उम्मीद नहीं थी कि तबस्सुम डॉक्टर से ऐसी बात कहेगी!

"लेकिन ऐसा क्यों चाहती हो?" डॉक्टर ने पूछा।

"इतनी जल्दी मैं माँ बनना नहीं चाहती।"

"ये तो पहले सोचना था। गर्भ रोकने के बहुत से उपाय हैं।"

"एबोर्शन भी तो एक उपाय है।"

"एबोर्शन कोई उपाय नहीं होता।" डॉक्टर ने समझाते हुए कहा।

"ये तो वैसी ही परिस्थिति में किया जाता है, जब माँ के जीवन को बच्चे की वजह से कोई खतरा हो अथवा कोई मजबूरी हो।"

"मेरी मजबूरी ही समझिए।" तबस्सुम ने कहा।

"देखो बेटा! एबोर्शन इतना भी आसान नहीं होता। रिस्क इसमें भी है, फिर यह तुम्हारा पहला बच्चा है। पहले बच्चे में एबोर्शन नहीं कराना चाहिए, जब तक कि बहुत जरूरी न हो, जैसे कि गर्भवती को जान का खतरा हो। ऐसे में गर्भवती को बचाने के लिए बच्चे की कुरबानी दी जा सकती है। दूसरी बात एबोर्शन कराने के बाद किसी तरह का संक्रमण या कोई कॉम्प्लिकेशन हो गया तो दोबारा गर्भ ठहरने में दिक्कत होती है। मुझे

क्या है, बहुत कहोगी तो फीस लूँगी और तुम्हारा काम कर दूँगी! ये सब मैं तुम्हारी भलाई के लिए कह रही हूँ। इस बच्चे को तुम खुशी-खुशी स्वीकार कर लो। बच्चा हो जाने के बाद तुम कोई उपाय कर लेना, ताकि दूसरा बच्चा जल्दी न हो, अब खुशी-खुशी जाओ।" डॉक्टर ने समझाते हुए कहा।

"यही तो मैं भी कह रही थी।" अम्मी ने डॉक्टर की बात का समर्थन करते हुए कहा।

डॉक्टर के समझाने का कुछ असर और कुछ पारिवारिक दबाव के कारण न चाहते हुए भी तबस्सुम बच्चे को जन्म देने को तैयार हो गई। पर हर वक्त उसे लगता कि एक अनचाहा बच्चा गर्भ में पल रहा है। अकसर अम्मी एवं सास द्वारा दी जानेवाली हिदायतों का वह पालन भी नहीं करती, पर प्रकृति अपने नियम से चलती है।

नियत समय पर तबस्सुम ने एक खूबसूरत बच्ची को जन्म दिया। परिवार में खुशी का माहौल छा गया। जश्न मनाया गया।

खूबसूरत, नन्ही सी, प्यारी सी बच्ची को देखकर तबस्सुम का भी उसके प्रति प्यार उमड़ने लगा। सास भी बच्ची को हाथोहाथ लेती। उसे नहलाना-धुलाना, सारा खयाल रखती। शौहर भी बच्ची के जन्म के बाद से उसका बहुत खयाल रखते, अब वह भी बच्ची के साथ खूब खुश रहती। बच्ची का मुसकराना, उसका हाथ-पैर चलाना, सब उसे अच्छा लगने लगा, अब वह भूल चुकी थी कि बच्ची अनचाही है। वह अपना सारा वक्त बच्ची की देखभाल में लगा देती।

बच्ची का पहला जन्मदिन बड़े धूमधाम से मनाया गया। तभी तबस्सुम को लगा, वह फिर से गर्भवती है। दूसरे बच्चे के लिए तो वह बिल्कुल ही तैयार नहीं थी। यह बात उसने न तो अपने शौहर को बताई और न ही ससुराल में किसी को। अगली बार जब उसके शौहर बिजनेस टूर पर गए तो वह अपनी माँ के घर चली आई।

दूसरी बार गर्भवती होने की खबर पर तबस्सुम की अम्मी भी चिंता

में पड़ गई। फूल सी बेटी, दो-दो बच्चों की जिम्मेदारी कैसे सँभालेगी?

"अम्मी, उसी लेडी डॉक्टर के पास चलो न। उसने कहा था, पहला बच्चा गिराना नहीं चाहिए। दूसरा तो गिरा सकती हूँ न! चुपचाप एबोर्शन करवा लेती हूँ, किसी को पता भी नहीं चलेगा।" तबस्सुम ने कहा।

"ले चलती हूँ, पर उसने ये भी तो कहा था कि बच्चा हो जाने के बाद मिलना तो गर्भ रोकने के उपाय बताऊँगी। बच्चा होने के बाद हम उनसे मिलने तो गए नहीं, फिर कहेंगी एबॉर्शन कराने में रिस्क है।"

"कुछ भी उपाय करो अम्मी! मैं ये रिस्क लेने को तैयार हूँ।" तबस्सुम ने कहा तो उसकी अम्मी चिंता में पड़ गई।

"डॉक्टर के पास जाने पर कभी-न-कभी कहीं से ससुरालवालों को पता चला तो वे बवाल मचा देंगे। जानती हूँ, वे कितने कट्टर हैं, अब तक तो तुम्हें भी पता चल गया होगा। इस बात की जानकारी होने पर वे तुमसे बुरा व्यवहार कर सकते हैं।"

"कुछ भी करो अम्मी! मुझे इससे छुटकारा दिलाओ। एक तो इतनी जल्दी मेरा निकाह कर दिया। आप सबकी बात मानकर एक बच्चे को जन्म भी दिया, पर अब दूसरे बच्चे को जन्म नहीं दे सकती।" कहते हुए तबस्सुम रोने लगी।

"बेटा, रो मत। मैं कुछ उपाय सोचती हूँ।" बेटी की बात से अम्मी भी द्रवित हो गई, पर समझाते हुए बोली—

"तुम लोग दो ही बच्चे में इतना परेशान हो जाते हो। मैंने तो आठ-आठ बच्चे पाले हैं।"

"तुम्हारे जमाने की बातें, तुम्हीं जानो अम्मी! मैं बस इतना जानती हूँ कि मुझे अभी दूसरा बच्चा नहीं चाहिए।" तबस्सुम के उग्र तेवर देख अम्मी सोच में पड़ गई। वह खुद भी कहाँ चाहती थी कि उसके इतने सारे बच्चे हों, पर संकोचवश वह अपने लिए कुछ कर नहीं पाई। पर बेटी की वह मदद करना चाहती थी।

एक दोपहर अम्मी तबस्सुम को लेकर किसी दूसरे मोहल्ले के नर्सिंग होम में गई, जो उसके घर से थोड़ी दूर स्थित था। किसी परिचित से इसका पता मिला था। उस परिचित ने बताया था कि ज्यादा-से-ज्यादा डेढ़-दो घंटे में सारा काम निपट जाएगा। किसी को कुछ पता भी नहीं चलेगा।

दोपहर मरीज देखने का समय होता नहीं, इसलिए नर्सिंग होम में सन्नाटा था। नर्स तबस्सुम को अंदर के कमरे में लेकर गई। उसके साथ एक दाई भी थी। उसने अम्मी को बाहर बैठने को कहा।

"पंद्रह-बीस मिनट का काम है। काम होने के आधे घंटे बाद आप अपनी बेटी को लेकर जा सकती हैं।" नर्स ने अम्मी से कहा।

अम्मी कमरे के बाहर बैठकर इंतजार करती रही। शुरू में तबस्सुम की हलकी चीख सुनाई पड़ी, शायद बेहोशी का इंजेक्शन दिया गया हो, फिर कुछ देर तक खटपट और बातें करने की अस्पष्ट-सी आवाज आती रही। अम्मी को उम्मीद थी, आधे घंटे में काम हो जाएगा। कुछ देर रुकने के बाद वह तबस्सुम को लेकर वापस घर चली जाएगी।

आधे घंटे बाद भी जब नर्स बाहर नहीं आई तो अम्मी को कुछ अनर्थ की आशंका होने लगी। पर उसने अपने मन को समझाया—आधा घंटा कहा है, कुछ देर भी तो हो सकती है! पर उसकी आशंका तब भय में बदल गई, जब एक घंटा होने को आया और नर्स बाहर नहीं आई। दरवाजे से कान लगा, वह अंदर की टोह लेने की कोशिश करती रही। अंदर से कोई आवाज नहीं आ रही थी, सब शांत था।

घबराकर अम्मी दरवाजा ठेल अंदर गई तो देखा, अंदर कोई नहीं है। तबस्सुम टेबल पर बेसुध पड़ी है। बगल की टेबल पर कुछ औजार पड़े थे, जिनपर खून लगा हुआ था। अनहोनी की आशंका से उसका दिल काँप उठा। पास जाकर तबस्सुम का चेहरा हाथ में लिया। साँस चल रही थी। कमरे का पिछला दरवाजा खुला था, शायद नर्स और दाई वहीं से

निकल भागी थीं, अब घर में बताए बिना कोई उपाय न था।

तबस्सुम को पहले एक प्राइवेट नर्सिंग होम में ले जाया गया। पर वहाँ भरती करने से इनकार कर दिया गया। हारकर उसे मेडिकल कॉलेज अस्पताल लाना पड़ा।

सलाईन एवं दो यूनिट खून चढ़ाने के बाद ही तबस्सुम की स्थिति इस लायक हुई कि उसका ऑपरेशन किया जा सके। जनरल सर्जन के सहयोग से उसका ऑपरेशन किया गया। ऑपरेशन के दौरान पता चला कि एबोर्शन के लिए नर्स ने जो औजार बच्चेदानी में डाला था, वह बच्चेदानी को चीरते हुए आँत तक पहुँच गया था। औजार निकालने के दौरान आँत बच्चेदानी के साथ बाहर आ गई, जैसे-जैसे वह औजार खींचती गई, आँत बाहर आती गई, जब कुछ समझ में नहीं आया तो आँत को एक पॉलीथिन में डाल नर्स पिछले दरवाजे से फरार हो गई।

ऑपरेशन के दौरान छोटी आँत का लगभग दो-तिहाई हिस्सा काटकर हटा देना पड़ा, जो शरीर से बाहर पॉलीथिन में बँधा पड़ा था, क्योंकि वह हिस्सा मर चुका था, इससे शरीर में संक्रमण फैलने का खतरा था। बच्चेदानी बुरी तरह क्षतिग्रस्त हो गई थी, इसलिए उसे भी काटकर हटा देना पड़ा।

तबस्सुम की जान तो बच गई, पर कुछ कॉम्प्लिकेशन ऐसे थे, जो जिंदगी भर ठीक नहीं हो सकते थे। आँत का बड़ा हिस्सा निकल गया था, इसलिए खाना ठीक से पचता नहीं था। बच्चेदानी निकाल दी गई थी, इसलिए वह फिर कभी माँ नहीं बन सकती थी।

अस्पताल से छुट्टी मिलने के बाद भी तबस्सुम को रेगुलर चेकअप की जरूरत थी। शुरू-शुरू में चेकअप के लिए उसके साथ उसके शौहर भी आते थे। बाद में कभी अम्मी, कभी सास और साथ में उसकी प्यारी बेटी भी। पर धीरे-धीरे सबका साथ छूटता गया। कुछ दिन वह अम्मी और बेटी के साथ आती रही, फिर सिर्फ अम्मी के साथ।

आज तो वह अकेली ही आई थी। वह भी लगभग चार महीने बाद। उसके चेहरे पर उदासी के साथ हताशा के भाव भी थे।

बहुत कुरेदने पर उसने रोते हुए बताया कि उसके शौहर ने उसे तलाक दे दिया है। बच्ची को भी अपने पास रख लिया। कहा, "तुम्हें बच्चे पसंद नहीं हैं न, तो ये मेरे पास ही रहेगी।"

"तुमने कुछ कहा नहीं?" मैंने तबस्सुम से पूछा।

"कहा कैसे नहीं? बहुत गिड़गिड़ाई। माफी भी माँगी। यहाँ तक कहा कि चाहो तो दूसरा निकाह कर लो, पर मुझे मत छोड़ो। अपनी बच्ची से अलग मत करो।" तबस्सुम की आँखों से अविरल अश्रु-प्रवाह हो रहा था।

"तुम्हारे शौहर ने क्या कहा?"

"कहा, जिस लड़की को अपने शौहर पर भरोसा नहीं, उसके साथ मैं जिंदगी कैसे गुजार सकता हूँ? तुम्हें कोई दिक्कत थी, तो मुझसे कहतीं। हम मिलकर कोई हल निकालते। एबोर्शन ही कराना था तो वो भी किसी अच्छी लेडी डॉक्टर से करवा देता। रही बात परिवार और समाज में पता चलने की, मैं तुम्हें अपने साथ बिजनेस टूर के बहाने दूसरे शहर ले जाता।" कहते हुए तबस्सुम हिचक-हिचककर रोने लगी। मुझे सांत्वना के कोई शब्द सूझ नहीं रहे थे।

"ठीक ही तो कहते हैं तुम्हारे शौहर।" मेरे परिपक्व मन में खयाल आया, पर खुद को यह कहने से मैंने रोक लिया। कम उम्र में शादी हो गई। उसे इतनी समझदारी कहाँ से आती कि पति-पत्नी के बीच की समस्या एक-दूसरे पर भरोसा कर आपस में सुलझानी चाहिए। बेचारी खुद ही इतनी दुःखी है। मैं उसका दिल और दुखाना नहीं चाहती थी। उसके कंधे पर हाथ रखते हुए कहा, "घबराओ नहीं, सब ठीक हो जाएगा।"

"अब ठीक क्या होना है?" आँसू पोंछते हुए उसने कहा, "अपनी

नादानी की वजह से अपने शौहर और बच्ची दोनों से अलग हो गई। अपने लिए जिंदगी भर की बीमारी मोल ली। जो लोग मुझे पलकों पर बिठाए रखते थे, सब मुझे दुरदुराने लगे हैं। सबके लिए मैं अनचाही बन गई हूँ। सबपर बोझ बन गई हूँ।"

उसने गहरी साँस ली, आँसू पोंछे और जाने के लिए उठ खड़ी हुई। एक भरपूर नजर उसने मुझपर डाली, जैसे कह रही हो, कम-से-कम आप तो मुझे नहीं छोड़िएगा। मैंने भी आश्वस्त करती नजरों से उसे देखा। वह मुड़ी और जाने लगी।

मैं उसे जाते हुए देखती रही तब तक, जब तक वह एक काले धब्बे में तब्दील नहीं हो गई। मुझे लगा कि वह काला धब्बा कोई लड़की नहीं, समाज की विसंगति है।

□

5

अभिशाप से मुक्ति की तलाश

दोपहर का खाना खाने के बाद कम-से-कम दस-पंद्रह मिनट लेटकर कमर सीधी करना आवश्यक हो जाता है। थोड़ा आराम कर लेने पर शरीर पुनः काम करने के लिए तैयार हो जाता है। आज वैसे भी मैं बहुत थक गई थी। ओ.पी.डी. में मरीजों की संख्या काफी थी। छठ पर्व के बाद त्योहार का मौसम कुछ दिनों के लिए थम-सा जाता है। महिलाएँ, जिनको स्वास्थ्य संबंधी समस्याएँ ज्यादा नहीं होतीं, वे छठ पर्व की समाप्ति का इंतजार करतीं। इसके बाद ही वे अपनी तकलीफों के इलाज के लिए स्त्री रोग विशेषज्ञ अथवा अन्य चिकित्सक के पास इलाज के लिए जातीं, जिसको जैसी जरूरत हो, शायद इसलिए भी ओ.पी.डी. में इतनी भीड़ थी। सारे मरीजों को देखते-निपटाते काफी देर हो गई थी और थकावट भी।

झपकी अभी आई ही थी कि मोबाइल की घंटी बज उठी। इच्छा हुई, मोबाइल का स्विच बिना नंबर देखे ही ऑफ कर दूँ। दोपहर के समय अकसर ही विज्ञापन देनेवाले फोन कर आराम में खलल डालते हैं—'मैडम! एक बहुत अच्छा इंवेस्टमेंट प्लान आपके लिए है, मैम, आपके लिए अच्छा इंश्योरेंस प्लान है, मैडम, आपको रियल एस्टेट में इंवेस्टमेंट करना है? इत्यादि-इत्यादि।' सबको कितनी ही बार मना कर चुकी हूँ कि इस बारे में मुझसे बात न करें, फिर भी अकसर फोन कर

डिस्टर्ब करते रहते हैं। मोबाइल की घंटी पूरी बजकर बंद हो चुकी थी। मैंने भी राहत महसूस करते हुए सोचा, झपकी पूरी कर लूँ।

आँख लगी ही थी कि मोबाइल की घंटी दोबारा बजने लगी। डॉक्टरी पेशा ही ऐसा है कि पल भर को चैन नहीं। शायद किसी जरूरतमंद का फोन हो ? चाहकर भी डॉक्टर अपनी इच्छानुसार चल नहीं सकता, स्वार्थी नहीं हो सकता। इनसानियत के सामने वह अपना दुःख-दर्द, थकावट-आराम सब भूल जाता है। याद रहती है तो सिर्फ उसकी कर्तव्यनिष्ठा। पर लोग सिर्फ खुद के बारे में सोचते हैं, दूसरे के बारे में नहीं। डॉक्टर भी एक मनुष्य है, उसे भी थकावट होती है और आराम की जरूरत होती है, यह कोई सोचता नहीं है।

मोबाइल उठाया, देखा, स्मिता का फोन था, मेरी रेजिडेंट डॉक्टर का। दोपहर दो बजे से उसकी इमरजेंसी में ड्यूटी थी।

"बोलो स्मिता!" स्विच ऑन कर कहा।

"मैम! इमरजेंसी में एक मरीज आई है, उसे रक्तस्राव हो रहा है। दो महीने से मासिक रुका हुआ था। अभी पेट फूला हुआ है। लगता है कि 'एक्टोपिक प्रेग्नेंसी' है, जो फट गया है। रक्तस्राव शायद इसी कारण हो रहा है। पेट में खून जमा हो जाने के कारण ही यह फूल गया है।"

"मैं आती हूँ, तब तक ब्लड सैंपल निकलवाकर जरूरी जाँच के लिए इमरजेंसी लैब भेज दो। पेट का सोनोग्राफी करवा लो। ऑपरेशन थिएटर को इंफॉर्म कर दो, शायद ऑपरेशन करना पड़े, और हाँ, दो यूनिट खून का इंतजाम भी करने को कह दो, क्योंकि इसके बगैर ऑपरेशन करना उचित नहीं होगा, तब तक मरीज को सलाईन लगा दो। मरीज के साथी को समझा दो कि मरीज की हालत गंभीर है।"

मेरी नींद उड़ चुकी थी, अब मैं सिर्फ मरीज के बारे में सोच रही थी। स्मिता को सारे निर्देश दे दिए, ताकि समय की बचत हो और इलाज जल्दी शुरू हो जाए। मरीज के रिश्तेदार भले ही खुद उसे अस्पताल देर

से लेकर आएँ, पर अस्पताल पहुँचने पर चाहते हैं कि मरीज तुरंत ठीक हो जाए। मैं तैयार होकर कुछ ही देर में इमरजेंसी पहुँच गई।

मरीज की जाँच की। स्थिति अच्छी नहीं थी। यदि तुरंत ऑपरेशन नहीं किया गया तो मरीज की जान भी जा सकती थी। मैंने मरीज के रिश्तेदार को वस्तुस्थिति से अवगत कराना जरूरी समझा। रोग की गंभीरता से अनजान, मरीज के साथी अचानक पता चलने पर उग्र हो जाते हैं, यदि मरीज मर जाता है तो।

"शोभा बच तो जाएगी न डॉक्टर साहब ?" यह शायद मरीज का पति था।

"हम मरीज को बचाने की पूरी कोशिश में ही लगे हैं। पर आप मरीज को लाए ही बहुत देर से हैं, स्थिति खराब होने पर। पहले कभी किसी डॉक्टर को दिखाया भी या नहीं?"

"इसके पेट में जो बच्चा है, वह तो बच जाएगा न ?" शायद यह उसकी सास थी। "शादी के पाँच साल बाद तो गर्भ ठहरा है। हमने तो समझा था यह बाँझ निकली।"

"कोशिश तो हम पूरी करेंगे।" मैंने सबको आश्वस्त करने की कोशिश की।

"पर ऑपरेशन कर पेट खोलने के बाद ही कुछ कहा जा सकता है।"

हालाँकि मैं जानती थी कि एक्टोपिक प्रेग्नेंसी, जिसमें गर्भधारण गर्भाशय में न होकर फैलोपियन ट्यूब में या अन्य जगह होता है, तब भ्रूण का विकास नहीं हो पाता है और वह फट जाता है। इस तरह भ्रूण नष्ट हो जाता है। नली के फट जाने के कारण रक्तस्राव होता है और माँ की जान को भी खतरा होता है।

मरीज की सोनोग्राफी हो चुकी थी, पर इससे कुछ स्पष्ट पता चल नहीं रहा था कि मरीज को हुआ क्या है? रक्तस्राव की वजह से पेट में खून जमा हो गया था।

ऑपरेशन से पहले की सारी औपचारिकता पूरी कर मरीज को ऑपरेशन थिएटर ले जाया गया। मरीज को बेहोश करने के बाद ऑपरेशन के लिए पेट में चीरा लगाया गया। चीरा लगते ही खून पेट से बाहर निकलने लगा। पेट में काफी खून जमा हो गया था, जिसे सक्शन पाइप द्वारा साफ किया गया। अच्छी तरह खून साफ करने पर अंदर के अवयव दिखाई पड़ने लगे।

मैंने गर्भाशय एवं फैलोपियन ट्यूब की जाँच अच्छी तरह से की। कहीं गर्भधारण का कोई चिह्न नहीं था। बाईं ओर का अंडाशय (ओवरी) काफी बड़ा हो गया था। दरअसल, बाएँ अंडाशय में ट्यूमर था, जो धीरे-धीरे काफी बड़ा हो गया था। इसी वजह से उसका मासिक धर्म रुक गया था और पेट भी बड़ा लगने लगा था, जिसे वे प्रेगनेंसी समझ रहे थे। रक्तस्राव इसी ट्यूमर से हो रहा था। ट्यूमर को काटकर हटाना जरूरी था। देखकर यह कहना मुश्किल था कि ट्यूमर कैंसर के कारण है अथवा बेनाइन है? कैंसर कंफर्म करने के लिए बायोप्सी करना आवश्यक होता है, जिसमें पाँच से सात दिन का समय लग जाता है। इसलिए यह तुरंत पता करना संभव नहीं था। दोनों तरह के ट्यूमर के इलाज में अंतर होता है।

"यह एक्टोपिक प्रेग्नेंसी का केस तो है नहीं?" मैंने स्मिता से कहा, जो ऑपरेशन में मेरी सहायक थी।

"अब बताओ, इसकी बीमारी क्या है?"

"कभी-कभी कुछ बीमारियों का ऑपरेशन से पहले डायग्नोसिस नहीं हो पाता है या डायग्नोसिस गलत हो जाता है।" स्मिता ने कहा। शायद अपने गलत डायग्नोसिस के कारण वह थोड़ी लज्जित थी।

"इसमें तुम्हारी कोई गलती नहीं है।" मैंने उसे आश्वस्त करने की कोशिश की।

"अभी तुम्हारा समय सीखने का है। लैपरोटॉमी (पेट का ऑपरेशन)

भी डायग्नोसिस का एक तरीका होता है।"

"वो तो है मैम! ये तो ओवेरियन ट्यूमर लग रहा है।" स्मिता ने कहा।

"पर कैंसर है अथवा नहीं? इलाज का तरीका इसी पर तो निर्भर करता है।" मैंने पूछा।

"मैम! मैं समझ नहीं पा रही हूँ।"

"फिर भी अपने ज्ञान द्वारा कुछ अंदाजा लगाओ।"

"रक्तस्राव हो रहा है, इसलिए ट्यूमर बेनाइन तो हो नहीं सकता। कैंसर में टिश्यू फ्रेजाइल हो जाते हैं। रक्तस्राव भी इसी कारण हो रहा है, पर मरीज की उम्र मुश्किल से बाईस-तेईस साल की होगी। कैंसर अकसर ज्यादा उम्र में होता है।"

"कुछ हद तक तुम सही हो। पर आजकल कैंसर कम उम्र में भी देखा जाता है। यदि मान लो, ये कैंसर है तो इलाज में क्या फर्क पड़ेगा?" स्मिता ट्रेनी है, इसलिए उसे सिखाना भी जरूरी है।

"मैम! ऐसी स्थिति में मरीज की ट्यूमरवाली ओवरी के साथ नॉर्मल ओवरी को भी निकाल देना चाहिए, साथ ही गर्भाशय भी, वरना कैंसर दूसरी ओवरी एवं यूट्रस में भी फैल जाएगा।"

"तुम्हारा कहना सही है। पर मरीज की उम्र केवल तेईस वर्ष है। उसे एक भी बच्चा नहीं है। ओवरी और यूट्रस निकालने के बाद उसे बच्चा तो हो नहीं सकता। उसकी सेहत पर क्या असर पड़ेगा, तुम्हें यह भी तो सोचना है!"

"पहले तो मरीज की जान बचानी जरूरी है। बाकी बाद में सोचा जाएगा।"

"मरीज की जान बचाना ही काफी नहीं होता। जान बचाने के बाद भी उसकी मानसिक, सामाजिक सेहत का ध्यान रखना जरूरी है। कभी सोचा है, उसपर क्या असर पड़ेगा?"

"इतना सोचकर इमरजेंसी में इलाज कैसे होगा, मैम?"

"स्मिता! यह ध्यान रखना भी उतना ही जरूरी है, जितना मरीज की जान बचाना। मरीज का केवल वर्तमान ही नहीं, भविष्य में होनेवाले परिणाम भी देखना उतना ही जरूरी है।"

"आपका मतलब है, साइड इफेक्ट?"

"सही कहा तुमने।"

"अब इस मरीज का ऑपरेशन किस तरह कीजिएगा? कैंसर की तरह या बेनाइन ट्यूमर की तरह?"

"अभी तो मैं इसकी सिर्फ रोगग्रस्त ओवरी निकालूँगी।" कहते हुए मैंने क्लैंप ओवरी के जड़ पर लगाया और उसे काटकर हटा दिया। कटे भाग की अच्छी तरह सिलाई कर दिया। अच्छी तरह देख लिया कि रक्तस्राव बंद हुआ अथवा नहीं?

"अब पेट पर जो चीरा लगा है, उसे सिलाई कर बंद कर दो।" पूरी तरह आश्वस्त होने के बाद मैंने स्मिता से कहा, जो ऑपरेशन में मेरी सहायता कर रही थी।

"बस! ऑपरेशन हो गया?"

"हाँ।"

"यदि ये कैंसर हुआ तो?"

"यदि कैंसर नहीं हुआ तो?" प्रत्युत्तर में मैंने भी सवाल कर दिया।

"मरीज की दूसरी ओवरी एवं गर्भाशय निकालने पर मरीज की क्या स्थिति होगी, कभी सोचा है? जब तक कैंसर प्रमाणित नहीं हो जाता, इसे हम बेनाइन मानकर ही चलेंगे। ऑपरेशन के बाद हम ओवरी को कैंसर की जाँच के लिए भेजेंगे। यदि कैंसर प्रमाणित हो गया तो हम वैकल्पिक इलाज के बारे में सोचेंगे, जैसे—रेडियोथैरैपी अथवा कीमोथैरैपी।"

"ठीक है मैम। पर यदि कैंसर हुआ तो उसे दोबारा ऑपरेशन कराना पड़ सकता है। मरीज गरीब तबके की लग रही है। उसके घरवाले जरूरत

पड़ने पर शायद ही दोबारा ऑपरेशन कराएँ। अभी ऑपरेशन करने पर कैंसर फैलेगा भी नहीं और न वैकल्पिक इलाज की जरूरत पड़ेगी।"

"तुम्हारा कहना भी सही है, पर कैंसर न रहने पर अंडाशय और गर्भाशय निकाल दिया जाए, तब क्या होगा? कभी सोचा है?"

"मरीज को मासिक धर्म नहीं होगा।"

"फिर?"

"फिर क्या मैम?"

"इतनी कम उम्र में मासिक धर्म नहीं होने पर मरीज पर इसका साइकोलॉजिकल प्रभाव होगा। अंडाशय नहीं रहने पर कुछ हॉरमोन नहीं बन सकेगा। इसकी कमी से कई तरह की परेशानियाँ होंगी, बच्चा नहीं होगा।"

"बच्चा तो बाद की बात है। जान बचाना ज्यादा जरूरी है।"

"बच्चा भी उनके लिए उतना ही जरूरी है। सुना नहीं, उसकी सास क्या कह रही थी—'शादी के पाँच साल बाद गर्भ ठहरा है। बच्चे को कुछ नहीं होना चाहिए!'

"पर गर्भ तो इसे है ही नहीं।"

"यह तो हम जानते हैं।"

"तो क्या उसे ये बात बताएँ नहीं?"

"बताने की जरूरत न पड़े तो ज्यादा अच्छा हो।"

"ये तो गलत होगा।"

"हमें झूठ कहने की जरूरत नहीं है, बस इसकी चर्चा नहीं करेंगे, वैसे रिकॉर्ड रजिस्टर में ऑपरेशन के बारे में विस्तार से लिखना होता है। डिस्चार्ज टिकट पर भी हम वही लिखेंगे, जो ऑपरेशन हमने किया है, फिर हम गलत कहाँ हैं?"

"इससे क्या होगा?"

"कम-से-कम यह बाँझ तो नहीं कहलाएगी।"

"दोनों ओवरी के रहते तो उसे गर्भधारण नहीं हुआ। एक ओवरी निकल जाने के बाद ऐसे भी गर्भधारण की संभावना आधी हो जाती है।"

"आधी संभावना तो बनी रहेगी न! हमेशा सकारात्मक सोच रखो। बच्चा न भी हुआ तो बाँझ तो न कहलाएगी? सबको लगेगा बच्चा नष्ट हो गया।"

"क्या बाँझ कहलाना इतना बड़ा अभिशाप है?"

"इनके समाज में तो है ही। पता चलने पर क्या होगा, मालूम है तुम्हें?"

"क्या?"

"हो सकता है, ससुरालवाले अभी इसका ठीक से इलाज करवाना छोड़ दें। बाद में घर से निकाल दें। उसके पति की दूसरी शादी करवा दें।"

"ऑपरेशन के दौरान क्या इतना सब ध्यान रखना पड़ता है?"

"बिल्कुल, तभी तो तुम एक अच्छी डॉक्टर बन सकोगी?"

पेट पर लगे चीरे की अच्छी तरह सिलाई कर स्मिता ने चीरे के अगल-बगल लगे खून को अच्छी तरह साफ किया, फिर टाँके पर मरहम लगाकर पट्टी बाँध दी। मरीज को होश आने लगा था और वह कराहने लगी थी। स्मिता ने नर्स से दर्द की दवा का इंजेक्शन लगाने को कहा, फिर मरीज को वार्ड में ट्रांसफर करने को कहा।

सप्ताह भर में शोभा ठीक हो गई। आठवें दिन टाँका काटते वक्त उसने स्मिता से पूछा कि क्या उसका बच्चा बचाया नहीं जा सकता था?

बड़ी मुश्किल से खुद को संयत करते हुए स्मिता ने कहा, "पहले अच्छी तरह ठीक हो जाओ। शरीर में खून बन जाए, थोड़ी ताकत आ जाए, तब बच्चे की सोचना।"

"शादी के पाँच साल बाद तो गर्भ ठहरा था।" शोभा ने अफसोस करते हुए कहा।

"अभी तुम्हारी उम्र ही क्या है?" स्मिता ने उसे टालना चाहा।

पूरी तरह ठीक होने पर शोभा की अस्पताल से छुट्टी कर दी गई। पंद्रह दिन बाद चेकअप के लिए आने को कहा गया। ठीक हो जाने पर अकसर मरीज चेकअप के लिए लौटकर नहीं आते हैं। थोड़ी-बहुत तकलीफ होने पर लोकल डॉक्टर अथवा हेल्थ वर्कर से इलाज करवा लेते हैं, पर शोभा चेकअप के लिए आ गई।

"कोई तकलीफ तो नहीं है?" जाँच करते हुए मैंने पूछा।

"नहीं मैडम!" शोभा ने कहा।

फिर कुछ सकुचाते हुए पूछा, "अब फिर से बच्चा तो हो सकता है न?"

"हाँ, क्यों नहीं! पर अभी कमजोर हो। पूरी तरह ठीक हो जाओ, फिर बच्चे के लिए सोचना। कम-से-कम साल भर बाद ही।" मैंने टालते हुए कहा।

शोभा को मैंने वैसे ही कहा, जैसे हर मरीज को सलाह देती हूँ। रोज कितने ही मरीज इलाज के लिए मुझसे मिलते हैं। सबको उनकी जरूरत के अनुसार सलाह देती हूँ। हर मरीज की बात याद भी नहीं रहती।

लगभग दो साल बाद शोभा मेरे ओ.पी.डी. में आई।

"मैडम, जाँच कर बताइए न, मैं बाँझ तो नहीं हूँ न!"

"अरे, किसने तुम्हें ऐसे ही बाँझ कह दिया?"

"मेरी सास अकसर मुझे बाँझ कहकर ताना मारती है। कहती है कि बेटे की दूसरी शादी करा दूँगी।"

शोभा रुआँसी होते हुए बोली, "यदि बाँझ होती तो मुझे गर्भ कैसे ठहरता?"

तब तक मैं शोभा का डिस्चार्ज टिकट पढ़ चुकी थी। मुझे सारी बातें याद आ गईं।

"बच्चे के लिए जाँच कराना है तो पति के साथ आना होगा। दोनों

की जाँच की जाएगी, तभी पता चलेगा।" मैंने समझाते हुए कहा।

"पर पति तो जाँच कराना ही नहीं चाहते।"

"लेकिन क्यों?"

"उनका कहना है कि जब एक बार गर्भ ठहर गया तो कमी उसमें कैसे होगी? जरूर ऑपरेशन के दौरान ऐसा कुछ हुआ होगा, जिससे गर्भ ठहर नहीं रहा है। तो कमी मुझमें हुई न? आप जरा जाँच करके बता दीजिए, मैं बाँझ तो नहीं हूँ?" इतना कह शोभा रोने लगी।

अब परेशान होने की बारी मेरी थी। मुझे पता था, शोभा को गर्भ नहीं था, पर अब यह बात कह नहीं सकती। मैंने सोचा था—एक अंडाशय के रहते भी गर्भधारण होने की संभावना बनी रहती है, यदि बाकी सब ठीक रहा तो! शोभा खुशकिस्मत रही तो देर-सवेर बच्चा हो ही जाएगा। अभी भी पति-पत्नी की जाँच करने पर पता चल सकता है कि गर्भधारण क्यों नहीं हो रहा है? पर इस बात को समझाना बड़ा कठिन होता है, विशेषकर कम पढ़े-लिखे लोगों को। हर स्थिति में दोष स्त्री का ही समझा जाता है। पुरुष अपनी जाँच करवाने तक में अपनी तौहीन समझता है।

"शरीर की स्थिति हमेशा एक जैसी नहीं रहती।" मैंने शोभा को समझाने की कोशिश की।

"अभी गर्भ क्यों नहीं ठहर रहा, यह जानने के लिए पति को साथ लाना जरूरी है। ऐसा करो, तुम पति के साथ आ जाओ। दोनों जाँच करवा लो, फिर जिसे जरूरत होगी, उसका इलाज चलेगा या फिर दोनों का। अभी तुम्हारी उम्र ही कितनी है? निराश होने की जरूरत नहीं।"

शोभा भारी मन से उठी। इलाज से संबंधित कागज समेटा और चली गई। लौटकर फिर कभी नहीं आई। मुझे लगा—वह इलाज कराने नहीं आई थी, बाँझ कहलाने के अभिशाप से मुक्त होने आई थी।

□

6

भरोसा

हमारी प्रयोगशाला (लेबोरेटरी) में जितने सैंपल की आज जाँच हुई, उसकी रिपोर्टिंग प्रतिदिन की तरह मैंने कर दी। अच्छी तरह साबुन से हाथ धोया, फिर अपने ऑफिस चैंबर में आ गई। घड़ी देखी, डेढ़ बजने को थे। लंच का समय हो चुका था। मैं अपना चश्मा, मोबाइल फोन, पेन समेटकर पर्स में रखने लगी, ताकि लंच के लिए घर जाने को निकलूँ, तभी लैब का सीनियर टेक्नीशियन कमरे में आया।

"क्या बात है अजय?" उसे देखकर मैंने पूछा।

"मैडम! आज एच.आई.वी. की टेस्टिंग में तीन रिपोर्ट पॉजिटिव आई हैं।"

"हाँ, मैंने भी अच्छी तरह चेक किया। किसी रिपोर्ट में कोई संदेह नहीं है।"

"फिर भी मैं चाहता हूँ, टेस्ट दोबारा कर संतुष्ट हो लूँ।"

"अगर तुम्हें जरा भी संशय हो, तो टेस्ट दोबारा करने के बाद ही रिपोर्ट देना उचित होगा। एच.आई.वी. टेस्ट की रिपोर्ट यदि पॉजिटिव आती है तो पूरी तरह आश्वस्त होने के बाद ही रिपोर्ट देनी चाहिए, क्योंकि इसका संबंध किसी की सोशल लाइफ से भी जुड़ा होता है।"

"वैसे भी मैडम, हम हर पॉजिटिव सैंपल को कम-से-कम तीन अलग-अलग विधियों द्वारा जाँच करने के बाद ही कंफर्म करते हैं।

रिपोर्ट भी गोपनीय तरीके से बंद लिफाफे में ही देते हैं, ताकि रिपोर्ट सार्वजनिक न हो। पर अभी बात कुछ और है।"

"क्या? कोई विशेष बात?" मैंने प्रश्नसूचक नजरों से अजय को देखा।

"क्या आप डॉ. अर्पिता को जानती हैं?"

"हाँ! जानती तो हूँ। वह चर्म एवं यौन रोग विभाग में इसी संस्थान में कार्यरत है। पर···बात क्या है?"

"दरअसल···" लैब टेक्नीशियन अजय ने अटकते हुए कहा, "बात यह है मैडम, कि तीन एच.आई.वी. रिपोर्ट जो पॉजिटिव आई हैं, उसमें से एक रिपोर्ट डॉ. अर्पिता के बेटे की है।"

"कैसी बात कर रहे हो? जरूर कहीं कोई गलती हुई है।" मुझे इस बात का यकीन नहीं हुआ।

"इसीलिए तो जाँच दोबारा कर कंफर्म होना चाह रहा हूँ।" एच.आई.वी. टेस्ट मैं बड़े ध्यान से स्वयं ही करता हूँ। किसी जूनियर को करने नहीं देता कि कहीं कोई गलती न हो जाए।"

"मुझे तुम पर भरोसा है।"

"मैडम! यदि डॉ. अर्पिता का फोन नंबर आपके पास है तो उनसे कहिए, बेटे को यहीं भेज दें, ताकि हम खुद से उसका ब्लड सैंपल लेकर टेस्ट कर सकें। कहीं उसका सैंपल बदल न गया हो! हालाँकि इसकी संभावना नहीं है।"

"ठीक है, मैं फोन करती हूँ।" अजय वहीं खड़ा रहा। मैंने डॉ. अर्पिता को फोन लगाया तो उसने बताया कि उसका बेटा तो कल रात ही वापस हॉस्टल चला गया। मैंने बताया कि एक टेस्ट रिपीट करना चाह रही थी। उसने कहा, "जो टेस्ट रिपीट करना है, उसका नाम बताइए, वह वहीं करा लेगा।" मैं उसे कैसे बताती कि उसके बेटे का एच.आई.वी. टेस्ट पॉजिटिव आया है! यह सुनकर उसपर क्या बीतेगी?

"डॉ. अर्पिता का बेटा तो हॉस्टल चला गया, इसलिए दुबारा ब्लड सैंपल लेना संभव नहीं है।" मैंने अजय से कहा।

"बिना फ्रेश सैंपल लिये टेस्ट कंफर्म कैसे होगा?"

थोड़ा रुककर अजय ने कहा, "डॉ. अर्पिता के बेटे को देखा है आपने?"

"हाँ˙˙, देखा तो है।"

"मैंने ई.एच.एस. कार्ड में उसका फोटो देखा। अठारह साल का खूबसूरत बाँका जवान है। उसका एच.आई.वी. टेस्ट पॉजिटिव? उसकी जिंदगी तो बरबाद ही हो गई।" अजय ने अफसोस से कहा।

"इकलौता बेटा है। पर जब तक टेस्ट कंफर्म नहीं हो जाता, हम कुछ कह नहीं सकते?" मैंने अजय से कहा।

इस तरह की बातें एक कान से दूसरे, फिर तीसरे होते हुए बहुत जल्दी फैल जाती हैं। यूँ तो एच.आई.वी. का संक्रमण कई तरह से हो सकता है, जैसे—संक्रमित रक्त चढ़ाने से अथवा संक्रमित सूई द्वारा इंजेक्शन लेने से। पर हमारा समाज इसे यौनजनित संक्रमण (सेक्सुअल ट्रांसमिशन) से जोड़कर देखता है। उसके प्रति लोगों का नजरिया ही बदल जाता है। समाज द्वारा उसे चरित्र प्रमाण-पत्र देने में तनिक भी देरी नहीं लगती, जब बात किसी परिचित की हो, तो बात फैलते देर नहीं लगती।

दोपहर का भोजन करने के बाद मैं लगभग आधा घंटा आराम करने के बाद ही दोबारा संस्थान जाती हूँ। आज आराम करने लेटी तो पल भर के लिए भी मेरी आँखें नहीं झपकीं। मेरे दिमाग में डॉ. अर्पिता और उसके बेटे की तसवीर कौंधती रही।

हर माता-पिता का सपना होता है कि उसका बच्चा किसी अच्छे संस्थान से शिक्षा प्राप्त करे। बच्चे महानगरों में जाकर क्या करते हैं, यह माता-पिता को कैसे पता चलेगा? बच्चों की हर गतिविधि पर दूर से नजर

रखना तो संभव नहीं होता। यह तो बच्चों के संस्कार और माता-पिता के बच्चों पर भरोसे पर निर्भर करता है। जिस उम्र में बच्चे पढ़ाई करने घर से बाहर जाते हैं, वह उम्र होती ही बहुत नाजुक है। ज्यादातर बच्चे बारहवीं के बाद तकनीकी शिक्षा के लिए दूसरे शहर जाते हैं। उस समय उनकी उम्र मुश्किल से सत्रह-अठारह की होती है। इस उम्र में शारीरिक रूप से तो वे वयस्क लगते हैं, पर मानसिक रूप से वे अपरिपक्व ही होते हैं।

घर से बाहर निकलने पर बच्चों को एक तरह से आजादी का अहसास होता है। हर बात में रोक-टोक करने के लिए माता-पिता जो वहाँ नहीं होते। कुछ निर्णय उन्हें स्वयं लेने पड़ते हैं। एक पारिवारिक माहौल से निकलकर अचानक हमउम्र लोगों के साथ रहना होता है। विभिन्न परिवेश से आए बच्चों का विचार भी अलग-अलग होता है। कुछ सामाजिक नियम बंधन-से प्रतीत होते हैं, जिसे तोड़ना अकेले के लिए संकोच-सा लगता है, पर विचारों के मिलने से एक तरह से हिम्मत आ जाती है। नए माहौल में कभी कुछ नया-सा करने की इच्छा हो उठती है, तो कभी जीवन के नए अनुभव का स्वाद चखने की इच्छा हो आती है।

तो क्या डॉ. अर्पिता के बेटे ने गलत संगति में पड़कर कुछ गलत काम कर लिया, जिसकी वजह से वह एच.आई.वी. संक्रमित हो गया? वह एक डॉक्टर का बेटा है, इसलिए उसे एच.आई.वी. संक्रमण एवं इसके परिणाम के बारे में तो अच्छी तरह पता होगा ही, फिर संक्रमण हो कैसे गया? सोचकर ही मेरे दिमाग की नसें फटने लगीं। पर''मैं क्यों उसके बेटे के लिए सोचकर परेशान हो रही हूँ? दरअसल मेरी सोच एक माँ की, एक बेटे के लिए थी। किसकी माँ और किसका बेटा, यह मायने नहीं रखता। मेरे बच्चे भी हमसे दूर छात्रावास में रहकर पढ़ाई कर रहे हैं। कहीं उनके कदम बहक गए तो''? न-न, वे ऐसा नहीं कर सकते। वे संस्कारी हैं, अच्छे-बुरे का ज्ञान है उन्हें। तो क्या डॉ. अर्पिता का बेटा

संस्कारी नहीं? क्या वह अज्ञानी है? पढ़ाई में काफी तेज है, तभी तो देश के प्रतिष्ठित संस्थान में पढ़ाई कर रहा है।

मुझे कुछ दिन पहले की घटना याद आने लगी। हमारे अस्पताल से संबद्ध आई.सी.टी.सी. में हुए एच.आई.वी. टेस्ट की रिपोर्ट मैं देख रही थी। आई.सी.टी.सी. में कोई भी व्यक्ति बिना डॉक्टरी परामर्श के, गुप्त रूप से अपनी एच.आई.वी. की स्थिति का पता कर सकता है। एक सोलह साल के बालक की एच.आई.वी. रिपोर्ट पॉजिटिव थी। मुझे थोड़ा अटपटा-सा लगा। ज्यादातर एच.आई.वी. पॉजिटिव लोग पच्चीस से तीस वर्ष की आयु के होते हैं, कुछ इससे ज्यादा उम्र के। कुछ छोटे बच्चे संक्रमित पाए जाते हैं, जिनकी माँ एच.आई.वी. संक्रमित होती है। सोलह साल की उम्र में एच.आई.वी. से संक्रमित होना मुझे जरा अप्रत्याशित-सा लगा। उत्सुकतावश मैंने आई.सी.टी.सी. में पदस्थापित परामर्शी (काउंसलर) से पूछताछ की, क्योंकि मुझे संक्रमण का पता करना था। काउंसिलिंग के दौरान एक फॉर्म भरना आवश्यक होता है, जिसमें व्यक्ति को संभावित संक्रमण की हिस्टरी अंकित करनी होती है। उस लड़के की न तो खून चढ़ाने की कोई हिस्टरी थी और न किसी तरह के इंजेक्शन लेने की।

परामर्शी ने जो बातें बताईं, उन्हें सुनकर तो किसी भी माता-पिता का भरोसा बच्चों पर से उठ जाए। उसने बताया कि सुदूर गाँव के कुछ बच्चे दसवीं के बाद अच्छी शिक्षा के लिए शहर पढ़ने आए। सबने मिलकर एक लॉज में रहने की व्यवस्था की। वहाँ रहते हुए वे एक कॉलगर्ल के संपर्क में आए। नई उम्र के नए अनुभव के दलदल में जब वे फँसे तो उसमें डूबते चले गए, फिर तो अकसर ही वे अलग-अलग कॉलगर्ल को बुलाने लगे। वे तो यह भी भूल चुके थे कि वे शहर किस उद्देश्य से आए थे? होश तो तब आया, जब उनमें से एक को रोग के लक्षण महसूस होने लगे, अब तो सबके होश उड़ गए। इलाज के लिए किसी

डॉक्टर को दिखलाने की हिम्मत न थी। आई.सी.टी.सी. के बारे में कहीं विज्ञापन देखा था, जहाँ जाकर वे स्वैच्छिक रूप से अपना एच.आई.वी. टेस्ट गुप्त रूप से करा सकते थे। सबने अपना एच.आई.वी. टेस्ट कराया, जिसमें से एक की रिपोर्ट पॉजिटिव आई। देर-सवेर अन्य लड़कों की जाँच रिपोर्ट भी पॉजिटिव आने की संभावना थी। इसलिए परामर्शी ने उन्हें डेढ़ महीने बाद पुनः जाँच के लिए आने को कहा।

माता-पिता कितनी उम्मीदों से अपने बच्चों का भविष्य सँवारने के निमित्त उन्हें शहर भेजते हैं। इनमें से कई के माता-पिता अनपढ़ होंगे अथवा कम पढ़े-लिखे होंगे। बच्चों में वे अपना भविष्य तलाशते होंगे। दिन भर मेहनत कर पसीना बहाते होंगे अथवा छोटी-मोटी नौकरी में रहते किल्लत झेलते हुए अपने पुत्र की शिक्षा के लिए पैसे जोड़ते होंगे। हो सकता है, कर्ज लिया हो। माता-पिता अपनी जिम्मेदारी निभाने हेतु बच्चों को पढ़ने के लिए शहर भेजते हैं। पर गाँव के सीधे-सादे बच्चे शहरी जीवन के प्रपंचों से बेखबर मौज-मस्ती में उलझकर रह जाते हैं, जब उन्हें पता चलेगा कि उनके बच्चे महानगर की चकाचौंध से अंधे होकर रास्ता भटक गए हैं, तो उनकी क्या स्थिति होगी? उनके सपने तो पानी के बुलबुले की तरह उड़ जाएँगे।

यह सब सोचते हुए मेरा सिर इतना भारी हो गया कि दर्द से फटता-सा महसूस होने लगा। मुझे सिरदर्द की गोली लेनी पड़ी, जो मैं लेना नहीं चाहती। संस्थान जाने का समय हो गया था, पर मुझे जाने की इच्छा नहीं हो रही थी। सोचने लगी, जब मुझे इतनी तकलीफ हो रही है, तो जब डॉ. अर्पिता को यह बात मालूम होगी तो उसे कैसा लगेगा? कहीं यह सुनकर वह बेहोश न हो जाए! लेकिन मैं यह सब उसे बताऊँगी कैसे?

संस्थान पहुँची, तब तक अजय ने दो अलग-अलग विधियों से एच.आई.वी. टेस्ट दोबारा कर लिया था, दोनों ही विधियों से टेस्ट पॉजिटिव आए, अर्थात् तीन अलग-अलग विधियों से टेस्ट करने पर

एच.आई.वी. रिपोर्ट पॉजिटिव आई, अब तो शक की कोई गुंजाइश ही नहीं थी।

लैब टेक्नीशियन अजय ने रिपोर्ट एक लिफाफे में डालकर मुझे दे दी। उसमें कुछ अन्य टेस्ट की रिपोर्ट भी थीं। मैं नहीं चाहती थी कि रिपोर्ट का किसी को पता चले। मैंने अजय को भी हिदायत कर दी कि इस बात की चर्चा किसी से न करे।

पता नहीं मेरी यह आदत अच्छी है या बुरी? मैं इतनी संवेदनशील हूँ कि किसी अनजान के दुःख में भी दुःखी हो जाती हूँ। डॉ. अर्पिता न तो मेरी कोई रिश्तेदार है और न ही मेरी करीबी दोस्त। बस जरा सा परिचय भर है उससे, वह भी एक ही संस्थान में कार्यरत चिकित्सक होने के नाते। पर यह सोचकर कि उसके इकलौते पुत्र की एच.आई.वी. की रिपोर्ट पॉजिटिव आई है, मैं परेशान हो गई। मेरी परेशानी यह भी थी कि मैं उसे यह बात बताऊँगी कैसे? चाहती तो मैं रिपोर्ट बंद लिफाफे में किसी के द्वारा भिजवा सकती थी। पर यह नहीं चाहती थी कि रिपोर्ट अन्य कोई देख ले। डर यह भी था कि रिपोर्ट जानकर उसे सदमा न लगे।

मैं यह सोच ही रही थी कि डॉ. अर्पिता मेरे चैंबर में आ गई। पूछताछ करने लगी कि कौन सा टेस्ट दोबारा करवाना है? मुझे अस्पताल में इसके बारे में चर्चा करना उचित नहीं लगा। मैं नहीं चाहती थी कि हमारी बातचीत कोई और सुने।

"चलो, तुम्हारे घर चलते हैं, वहीं बात करते हैं।" मैंने कहा तो उसे भी लगा कि जरूर कोई गंभीर बात होगी।

डॉ. अर्पिता तुरंत तैयार हो गई, क्योंकि कई बार उसने मुझे अपने घर चलने का आग्रह किया था, पर हर बार मैं उसकी बात टालती रही थी।

डॉ. अर्पिता ने आगे बढ़कर घर का दरवाजा खोला, अर्थात् घर में कोई नहीं था। उसने मुझे ड्राइंगरूम में बिठाया। उसे रिपोर्ट के बारे में जानने की उत्सुकता थी। मुझे समझ में नहीं आ रहा था कि मैं बात

शुरू कैसे करूँ? मुझे बिठाकर कुछ देर वह खड़ी रही, जब मैंने कुछ कहा नहीं तो अंदर जाकर पानी का गिलास ले आई और बगल के सोफे पर बैठ गई। मुझसे कुछ कहा नहीं जा रहा था। गला भर्राने लगा। वह प्रश्नोचित नजरों से मुझे देखती रही। मेरे चेहरे के भाव से उसे मामले की गंभीरता का अनुमान तो हो ही गया था, क्योंकि मैं अपने अंदर से उठते भाव को चेहरे तक आने से रोक नहीं पाती हूँ। मैंने पानी का गिलास उठाया और आधा पानी पीकर हलक को तर किया। पर अब भी कुछ कहने का साहस मैं जुटा नहीं पा रही थी। लगता था कि जैसे डॉ. अर्पिता के बेटे की एच.आई.वी. रिपोर्ट पॉजिटिव देकर मैंने कोई अपराध किया हो, अंततः मैंने पर्स से बंद लिफाफा निकाला और उसे डॉ. अर्पिता की ओर बढ़ा दिया।

डॉ. अर्पिता लिफाफा खोलकर रिपोर्ट देखने लगीं । पहले ही पन्ने पर एच.आई.वी. की रिपोर्ट थी, जो पॉजिटिव आई थी। मैं उसके चेहरे के भाव पढ़ने की कोशिश करती उसके चेहरे पर निगाह गड़ाए रही। पर यह क्या? उसके चेहरे पर एक शिकन तक नहीं आई! तो क्या उसे पहले से पता था कि उसका बेटा एच.आई.वी. पॉजिटिव है? पर नहीं, यदि ऐसा होता तो वह यह टेस्ट गुप्त रूप से, छद्म नाम से कराती। यूँ अपने ही संस्थान में खुलेआम न कराती! फिर बात क्या हो सकती है?

"मेरा बेटा तो संत है। उसे पढ़ाई के अलावा कुछ सूझता ही नहीं है। इसलिए वह एच.आई.वी. पॉजिटिव तो हो ही नहीं सकता? जरूर कहीं कोई गलती हुई है।" बड़े शांत भाव से उसने कहा।

इतना कॉन्फिडेंस? मुझे बड़ा आश्चर्य हुआ। ठीक है, हर माँ सोचती है कि उसका बेटा कोई गलत काम नहीं कर सकता। पर जब प्रमाण सामने हो, तब भी क्या एक पल के लिए भी मन में शंका नहीं उपजी? ऐसा कैसे हो सकता है?

"आप व्यर्थ ही परेशान हो रही हैं, मेरा बेटा ऐसा नहीं है। वह

एच.आई.वी. पॉजिटिव तो हो ही नहीं सकता।" उसके स्वर में दृढ़ता थी। शंका की कहीं कोई गुंजाइश ही नहीं थी।

मैं तो यह सोचकर उसके घर आई थी कि मुझे उसे सांत्वना देनी पड़ेगी, पर उलटे वही मुझे सांत्वना दे रही थी।

"फिर यह रिपोर्ट? मेरी लैब की रिपोर्ट भी गलत नहीं हो सकती।"

"नहीं-नहीं! मेरा यह मतलब नहीं।"

"फिर यह कैसे हो सकता है? मैंने तीन अलग-अलग विधियों से सैंपल का टेस्ट करवाया। तीनों ही विधियों से टेस्ट स्ट्रोंगली पॉजिटिव आया। मुझे लैब की रिपोर्ट में किसी भी तरह का कोई संशय नहीं है। ब्लड सैंपल तो तुमने ही भिजवाया था।" मैंने डॉ. अर्पिता से कहा।

"हो सकता है, सैंपल बदल गया हो!"

"ऐसा कैसे हो सकता है? सैंपल तुम्हारा स्टाफ लेकर आया था। उसके हाथ में तुम्हारा ई.एच.एस. कार्ड था, जिससे नंबर मिलाया गया। इसीलिए मैं कह रही थी कि तुम्हारे बेटे का ब्लड सैंपल सामने फिर से निकालकर दोबारा जाँच की जाए।"

"इसकी जरूरत ही नहीं है। आप यकीन कीजिए।"

डॉ. अर्पिता के कॉन्फिडेंस ने मुझे असमंजस में डाल दिया। आखिर मामला क्या है?

डॉ. अर्पिता के घर से लौटते हुए मैं सोच रही थी—वह इतनी शांत और निश्चिंत कैसे है? बेटा दूर छात्रावास में रहता है। रिपोर्ट देखने के बाद भी एक पल के लिए भी उसके मन में शंका नहीं हुई? कोई राज तो अवश्य है!

मैं खुद को कोसने लगी। मैं ही बेवकूफ हूँ। ऐसा कैसे सोच लिया कि डॉ. अर्पिता का बेटा एच.आई.वी. पॉजिटिव हो सकता है? डॉक्टर का बेटा है। एच.आई.वी. के बारे में उसको जानकारी तो होगी ही। लड़का तेज है, स्मार्ट है, फिर बेवकूफी कैसे कर सकता है? मैं इतनी

संवेदनशील क्यों हूँ? दूसरे की परेशानी सोच, खुद परेशान होती रही। यह बेवकूफी नहीं तो और क्या है?

अकसर लोग दूसरे की तरक्की देखकर जलते हैं। यदि किसी रिश्तेदार या पड़ोसी के बच्चे का चयन किसी अच्छे संस्थान में हो गया, तो ईर्ष्यावश लोग उसमें कुछ-न-कुछ खोट निकालने की कोशिश में लगे रहते हैं और एक मैं हूँ कि उसकी गलती अगर है भी, तो खुद परेशान हो रही हूँ! दूसरा कोई होता तो कहता—देखो, अपने बेटे की कामयाबी पर इतराती है। बेटा बाहर जाकर क्या गुल खिला रहा है? यह बात हवा की तरह पूरे संस्थान में फैल जाती। डॉ. अर्पिता किस-किस को सफाई देती फिरती कि ऐसी कोई बात नहीं है। एक मैं हूँ कि लैब टेक्नीशियन तक को मना कर दिया कि बात फैले नहीं।

पर इस तरह की बात कहीं छुपी रह सकती है क्या? उस दिन के बाद मैं इस घटना को भूल-सी गई। इसकी चर्चा मैंने किसी से की भी नहीं। लेबोरेटरी में सिर्फ एक टेक्नीशियन तो है नहीं। बहुत सारे लोग काम करते हैं, लैब में जितने टेस्ट होते हैं, उन सबका रिकॉर्ड एक रजिस्टर में दर्ज किया जाता है, जिसमें जाँच के लिए आए सैंपल में अंकित रोगी का नाम एवं टेस्ट का रिजल्ट लिखा होता है।

एक दिन डॉ. अर्पिता तमतमाई हुई मेरे चैंबर में आई। आते ही उसने कहा, "मैंने आपसे कहा था न कि मेरे बेटे की एच.आई.वी. रिपोर्ट गलत है, फिर भी आपने सबको यह बात बता दी कि मेरा बेटा एच.आई.वी. पॉजिटिव है!" वह रोष से भरी लग रही थी।

"अगर मुझे यही करना होता तो बंद लिफाफे में रिपोर्ट लेकर मैं खुद तुम्हारे घर नहीं जाती।" उसका मुझपर यूँ आरोप लगाना बड़ा बुरा लगा, फिर भी मैंने शांतिपूर्वक उससे कहा।

"पर यह बात किसी और को तो मालूम थी नहीं?"

"टेस्ट लेबोरेटरी में होता है और वहाँ कई लोग काम करते हैं।

सीनियर टेक्नीशियन को तो मैंने मना कर ही दिया था कि यह बात किसी को न बताए। पर मैं किस-किस को मना करती? अभी भी लैब के रजिस्टर में रिकॉर्ड देख लो। रोगी के नाम की जगह तुम्हारे बेटे का नाम अभिनव आनंद लिखा हुआ है। तुम्हारे ई.एच.एस. कार्ड का नंबर लिखा हुआ है। टेस्ट रिजल्ट के सामने एच.आई.वी. पॉजिटिव लिखा हुआ है। इस बात को मैं मान भी लूँ कि तुम्हारा बेटा एच.आई.वी. पॉजिटिव नहीं है, पर वर्किंग रजिस्टर, रिपोर्ट रजिस्टर में अंकित रिपोर्ट तो यही बता रही हैं।"

"मैंने आपको बताया था कि ऐसा हो ही नहीं सकता। रजिस्टर से मेरे बेटे का नाम हटा दीजिए।"

"अब यह संभव नहीं है, पर अब इसका क्या फायदा? यदि उसी समय सामने ब्लड लेकर दुबारा टेस्ट होता और यदि टेस्ट निगेटिव आता तो टेस्ट रिजल्ट के सामने निगेटिव लिखा होता, अब रजिस्टर में किसी तरह का बदलाव नहीं हो सकता।" मैंने अपनी मजबूरी बतलाई।

"पर मेरा बेटा एच.आई.वी. पॉजिटिव नहीं है।"

"हो सकता है, भगवान् करे वह पॉजिटिव न हो! पर आज तक किसी ने हमारी लैब पर उँगली नहीं उठाई। मुझे तो आज तक यह बात समझ में नहीं आई कि हमारे लैब में तीन-तीन बार अलग-अलग विधियों द्वारा टेस्ट करने के बाद भी जो सैंपल पॉजिटिव आया, वह गलत कैसे हो सकता है?"

"क्योंकि वह सैंपल मेरे बेटे का था ही नहीं।"

"क्या··· ?" इस रहस्योद्घाटन पर मेरा मुँह आश्चर्य से खुला रह गया।

"हाँ, वह सैंपल मेरे बेटे का नहीं, मेरे नौकर के भाई का था।"

"यह बात तुम अब बता रही हो? उस समय बता दिया होता तो बात इतनी नहीं बढ़ती।"

"मेरे नौकर के भाई का ऑपरेशन होना था। वह बहुत गरीब है। मैं

उसकी मदद करना चाहती थी। ऑपरेशन में जो पैसे लगते, वे तो लगने ही थे। जाँच में भी उसके काफी पैसे खर्च हो जाते। इसलिए मैंने उसके ब्लड सैंपल में अपने बेटे का नाम दे दिया और अपना ई.एच.एस. कार्ड का नंबर दे दिया, ताकि जाँच मुफ्त में हो जाए।"

"ऐसा तुम कैसे कर सकती हो? किसी जरूरतमंद की मदद करना अच्छी बात है, पर किसी को मदद करने के बहुत से तरीके होते हैं। पता नहीं था, तो मुझसे पूछती, मैं बता देती। यह तरीका तो बहुत ही घटिया है। तुम रोगी को सीधे आई.सी.टी.सी., जो हमारे अस्पताल में ही है, से जाँच करा सकती थीं, जहाँ जाँच मुफ्त में होती है और रोगी की रिपोर्ट की गोपनीयता भी बनी रहती है…" अब नाराज होने की बारी मेरी थी।

'गलती की है तो सजा भी भुगतो,' एक बार के लिए मेरे मन में यह बात आई, पर तुरंत ही मैंने इस सोच को परे धकेल दिया। प्रकट में कहा, "अच्छे उद्‌देश्य के लिए भी यदि तरीका गलत अपनाया जाए, तो वह गलत ही होता है।"

□

7

महानगरीय सभ्यता

कॉलबेल बजी तो डॉ. राजीव हड़बड़ाकर बिस्तर पर उठ बैठे। घड़ी देखी, साढ़े तीन बजने को थे। दोपहर का खाना पत्नी और बेटे के साथ खाकर आराम करने को लेटे तो आँख लग गई। पत्नी को कहा था कि तीन बजे जगा देना। साढ़े तीन बजे क्लीनिक में एक मरीज को अपॉइंटमेंट दिया हुआ है। पत्नी ने बताया था कि लंच के बाद बेटे को लेकर उसे बाजार जाना है। बेटे का स्कूल शू फट गया था और कल स्कूल जाने से पहले जूता खरीदना जरूरी था।

पत्नी दोपहर को ही बाजार जाना पसंद करती है, क्योंकि उस समय बाजार में भीड़ नहीं होती। शाम की भीड़-भाड़ के समय बाजार निकलना वह बिल्कुल पसंद नहीं करती। इसलिए जो भी खरीददारी करनी हो, वह दोपहर में ही कर लिया करती।

बिस्तर पर उठकर बैठ जाने के बावजूद डॉ. राजीव को एकबारगी कुछ समझ में नहीं आया। वे कमरे में इधर-उधर देखने लगे। घर में कोई नहीं था। लगा, पत्नी बेटे को लेकर बाजार चली गई थी। जाते समय पत्नी ने उसे जगाया जरूर था। कहा भी था, "तीन बज गए हैं, आपने जगाने को कहा था। मैं बेटे के साथ बाजार जा रही हूँ।"

"उठता हूँ।" डॉ. राजीव ने पत्नी को जवाब भी दिया, पर आलसवश बिस्तर पर ही पड़े रहे। सोचा था, पाँच मिनट बाद उठ जाएँगे। पर वे

फिर कब सो गए, पता ही नहीं चला, वैसे भी वे आज बहुत थक गए थे। एक बुजुर्ग मरीज का ऑपरेशन था। ऑपरेशन में थोड़ी कठिनाई हो गई थी, क्योंकि मरीज उनके दिए निर्देशों का ठीक से पालन नहीं कर रहा था। इससे उन्हें झुँझलाहट हो रही थी। ऑपरेशन में देर लगी तो बुजुर्ग के परिजन बेवजह फरियाद करने लगे। उनको समझाने में जो अतिरिक्त मेहनत करनी पड़ी, थकान उसी के कारण हो गई थी। मनुष्य शारीरिक कारणों की अपेक्षा मानसिक कारणों से ज्यादा थकान महसूस करने लगता है।

बिस्तर से उठते-उठते दोबारा कॉलबेल बजी। दरवाजा खोला तो देखा कि स्कूल ड्रेस में तेरह-चौदह बरस का कोई किशोर खड़ा था। अचानक वे उसे पहचान नहीं पाए। लगा कि गलती से उसने कॉलबेल बजा दी है।

वैसे भी बड़े शहरों में किसी को दूसरे से कोई मतलब नहीं रहता। एक ही अपार्टमेंट में रहनेवाले लोग एक-दूसरे को पहचानते तक नहीं, फिर यह किशोर तो बच्चा था। स्कूल ड्रेस में डॉ. राजीव़ को सभी बच्चे एक जैसे ही लगते। दूसरी बात, वे अपनी प्रैक्टिस में इस तरह व्यस्त थे कि सुबह नौ बजे घर से निकलते तो देर रात आठ-नौ बजे तक ही वापस आना होता। बीच में समय मिला तो दोपहर का खाना खाने घर आ जाते। अभी प्रैक्टिस अच्छी तरह जमी नहीं थी, इसलिए भी खाना खाने के लिए घर आने का समय निकल जाता। वैसे उनकी कोशिश रहती कि खाना घर जाकर ही खाएँ, क्योंकि इस समय उनका बेटा भी स्कूल से आ जाता। परिवार के साथ खाना खाने का स्वाद ही कुछ और होता है।

अपार्टमेंट में रहनेवालों का आपस में मिलना-जुलना किसी समारोह में ही हो पाता, जैसे किसी बच्चे का जन्मदिन मनाया जा रहा हो अथवा किसी की शादी की वर्षगाँठ हो। डॉ. राजीव की इन सबमें कोई रुचि नहीं रहती। क्लीनिक से लौटने के बाद थकावट इतनी हो जाती कि कहीं जाने

की इच्छा ही नहीं होती। इसलिए वे इन समारोहों में पत्नी और बच्चे को भेजकर खानापूर्ति कर लेते। पत्नी कहती भी कि इन समारोहों में जाने पर लोगों से मिलना-जुलना भी हो जाएगा, रुटीन में कुछ बदलाव आएगा तो मन-मिजाज भी प्रसन्न रहेगा। पत्नी के बहुत कहने पर एक-आध बार डॉ. राजीव समारोह में शरीक भी हुए। पर जैसे ही पता चलता कि वे डॉक्टर हैं, सब अपनी-अपनी तकलीफें सुनाने लगते। कहाँ तो वे इन तकलीफों भरे वातावरण से मुक्त होने आते, पर व्यावसायिकता यहाँ भी छूटती नहीं। हर कोई मुफ्त डॉक्टरी सलाह लेने की फिराक में रहता। इसलिए भी वे अपने कमरे में आराम करना ही बेहतर समझते।

"क्या बात है बेटा ?" उन्होंने किशोर से पूछा।

"अंकल, पहचाना नहीं ? मैं सुधांशु शेखर का बेटा, गौरव। इसी अपार्टमेंट के तीसरे माले पर रहता हूँ।" शायद उसे भी यह अहसास हो गया था कि डॉ. राजीव को उसे पहचानने में कठिनाई हो रही थी।

"अच्छा, गौरव ! क्या बात है बेटा, इतने घबराए हुए क्यों हो ?"

"अंकल, जरा देखिए न, मेरी मम्मी को क्या हो गया है ?" घबराहट में उसके कंठ से ठीक से आवाज भी नहीं निकल रही थी।

"घबराओ नहीं, जरा ठीक से बताओ, हुआ क्या है ?"

"मैं स्कूल से आया तो देखा, मम्मी फर्श पर पड़ी हैं। मैंने उठाने की बहुत कोशिश की। चेहरे पर पानी के छींटे भी मारे, पर वह कुछ बोलती ही नहीं।" बोलते हुए गौरव की आवाज भर्रा रही थी और अब उसकी आँखें भी डबडबा गई थीं।

"शायद बेहोश हो गई हों !" डॉ. राजीव ने आशंका जताई।

"बेटा, मैं तो दाँत का डॉक्टर हूँ। ऐसी स्थिति में मैं क्या कर सकता हूँ ? उन्हें तो किसी फिजिशियन को दिखाना पड़ेगा।" डॉ. राजीव ने सलाह दी।

"पर···अंकल, मैं तो घर में अकेला हूँ। किसी फिजिशियन को

जानता तक नहीं। आप तो जानते हैं, पापा दूसरे शहर में काम करते हैं।"

"क्या तुमने मम्मी की स्थिति के बारे में पापा को बताया?"

"बताया तो है, पर उनको आने में कम-से-कम तीन घंटे तो लग ही जाएँगे। अंकल, चलिए न प्लीज।" गिड़गिड़ाते हुए गौरव रोने लगा।

"चलो, देखते हैं।" कहते हुए डॉ. राजीव गौरव के साथ उसके फ्लैट को चल दिए। सोचा, कुछ प्राथमिक उपचार से शायद गौरव की माँ को होश आ जाए, तब किसी फिजिशियन को दिखाने को कहकर वे अपने क्लीनिक चले जाएँगे।

गौरव के फ्लैट पर पहुँचे तो देखा, उसकी माँ फर्श पर पड़ी थी। कुछ महिलाएँ उसके मुँह पर पानी के छींटे डालकर होश में लाने की कोशिश कर रही थीं। डॉ. राजीव के वहाँ पहुँचते ही वे सब अलग हट गईं।

डॉ. राजीव ने पहले नब्ज टटोली। रफ्तार जरा धीमी थी। हिला-डुलाकर देखा, पर शरीर में किसी तरह की हरकत नहीं हुई।

"क्या तुम्हारी मम्मी को किसी तरह की बीमारी भी है?"

डॉ. राजीव ने जानना चाहा, "जैसे मिरगी अथवा मधुमेह?"

"हाँ, मम्मी को मधुमेह की बीमारी है। इसके लिए वह गोलियाँ भी लेती हैं।" गौरव ने बताया तो डॉ. राजीव समझ गए कि रक्त में शर्करा की मात्रा कम हो जाने के कारण ही गौरव की माँ बेहाश हो गई है।

"जरा चीनी पानी घोलकर लाना।" डॉ. राजीव ने कहा। मधुमेह के मरीज दवा खाने के बाद सही समय पर भोजन नहीं करते तो उन्हें बेहोशी हो सकती है, हाइपोग्लैसिमिया के कारण।

"हम चीनी पानी पिलाने की कोशिश कर चुके हैं।"

किसी महिला ने कहा, "क्योंकि हमें मालूम है कि इसे मधुमेह की बीमारी है। पर लगता है, ये पूरी तरह बेहोश हो गई हैं।"

"बेहोश व्यक्ति को पानी पिलाना भी नहीं चाहिए, क्योंकि ऐसे में

पानी पेट में न जाकर फेफड़े में जा सकता है। ऐसे में अन्य तरह का कॉम्प्लिकेशन हो सकता है।"

"ओह!" किसी महिला ने कहा।

"फिर तो इन्हें अस्पताल ही लेकर जाना पड़ेगा।" डॉ. राजीव ने गौरव से कहा।

"मैं अकेला मम्मी को कहाँ लेकर जाऊँगा? प्लीज अंकल! मम्मी को बचा लीजिए।" गौरव अब रोने लगा था।

"आप लोग कुछ मदद कीजिए तो इसे अस्पताल ले जाऊँ।" डॉ. राजीव ने महिलाओं की ओर देखकर कहा।

"मेरे घर में तो अभी कोई मेल मेंबर नहीं है। पति के ऑफिस से लौटने में देर है।" एक महिला ने कहा।

"मेरे पति भी अभी ऑफिस से लौटे नहीं हैं। बच्चों को खाना भी खिलाना है। अभी स्कूल से आए हैं।" दूसरी महिला ने कहा।

एक-एक कर सभी महिलाएँ वहाँ से खिसक गईं। किसी ने भी अपनी तरफ से किसी तरह की मदद की पेशकश नहीं की।

डॉ. राजीव सोच में पड़ गए। वे करें भी तो क्या? वे दंत चिकित्सक हैं, इसलिए खुद से इलाज कर भी नहीं सकते। ऐसी स्थिति में गौरव की माँ को यूँ ही छोड़कर जा भी नहीं सकते। कोई पड़ोसी भी मदद को आगे नहीं आया। शायद यह महानगरीय सभ्यता है अथवा अपार्टमेंटी संस्कृति। जहाँ किसी को किसी से कोई सरोकार नहीं है, सब अपने-अपने में सिमटे पड़े हैं। अगर यही घटना किसी गाँव या कस्बे में होती तो सारा गाँव इकट्ठा हो जाता। मरीज को हाथोहाथ अस्पताल पहुँचा दिया जाता, पर यहाँ तो एक भी ऐसा व्यक्ति नहीं था, जो कम-से-कम मरीज को गाड़ी तक भी पहुँचा दे।

पर डॉ. राजीव का हृदय तो एक डॉक्टर का था। संवेदनशील एवं कर्तव्यबोध से बँधा। ऐसी स्थिति में मरीज को छोड़कर जाना उन्हें

अनुचित ही नहीं, अमानवीय भी लगा। समय पर उपचार के अभाव में मरीज की स्थिति यदि बिगड़ जाए तो क्या वे खुद को माफ कर सकेंगे? क्या इसके लिए उनका हृदय धिक्कारेगा नहीं? नहीं-नहीं, इस हालत में मरीज को छोड़कर वे नहीं जा सकते।

तभी मोबाइल की घंटी बजी। डॉ. राजीव के कंपाउंडर का फोन था, "सर, जिस मरीज को आपने साढ़े तीन बजे का समय दिया था, वह आ गया है। एक नया मरीज भी है।"

"उनको बैठाकर रखो। कहो, मैं आ रहा हूँ।" मोबाइल जेब में रखते हुए गौरव से कहा, "गार्ड को बुला लाओ।"

गार्ड की सहायता से डॉ. राजीव ने गौरव की माँ को अपनी गाड़ी की पिछली सीट पर लिटाया। गौरव को साथ लेकर चले। सोचा था कि पास ही एक नर्सिंग होम है, वहीं गौरव की माँ को दिखला देंगे। जरूरत पड़ी तो वहीं भरती भी करा देंगे।

बेहोश मरीज के रोग की गंभीरता को देख नर्सिंग होमवालों ने उसे भरती करने से इनकार कर दिया। बारह किलोमीटर दूर मेडिकल कॉलेज अस्पताल ले जाना संभव न था। इतनी दूर मरीज को ले जाने में समय काफी लग जाता, क्योंकि उस तरफ अकसर ही ट्रैफिक जाम रहता है। देर होने पर बेहोश मरीज की हालत और खराब हो सकती थी। डॉ. राजीव के साथ गौरव के अलावा कोई भी नहीं था, अगर रास्ते में कुछ हो गया तो··· ? सोचकर डॉ. राजीव के शरीर में झुरझुरी दौड़ गई। ए.सी. कार में भी वे पसीने से नहा गए। वे जल्द-से-जल्द मरीज को अस्पताल पहुँचाना चाहते थे। इसलिए रास्ते में जो पहला प्राइवेट अस्पताल दिखाई दिया, वे गौरव की माँ को वहीं लेकर गए।

शहर का ये एक महँगा ब्रांडेड प्राइवेट अस्पताल है। इलाज की सारी अत्याधुनिक सुविधाएँ यहाँ उपलब्ध हैं। इसलिए भी अस्पताल में बेहोश मरीज को भरती करने में कोई आनाकानी नहीं हुई। मरीज का

इलाज के लिए भरती करना आवश्यक था। अस्पतालकर्मियों ने दस हजार रुपए की फीस एडवांस में जमा करने को कहा। गौरव के पास तो रुपए थे नहीं। डॉ. राजीव के बटुए से भी पाँच ही हजार निकले। जल्दीबाजी में पैसे लेने का खयाल किसी को नहीं आया। डॉ. राजीव ने अपना परिचय देते हुए रिक्वेस्ट की कि अभी पाँच हजार रुपए जमा कर इलाज शुरू किया जाए।

डॉ. राजीव चाहते थे कि जल्द-से-जल्द इलाज शुरू हो और मरीज को होश आ जाए, ताकि उन्हें चैन मिल सके, क्योंकि इलाज में जितनी देरी हो रही थी, उनकी बेचैनी उतनी ही बढ़ रही थी। मरीज को अगर होश नहीं आया तो? वे क्या करेंगे?

तभी उनके क्लीनिक से उनके कंपाउंडर की कॉल आई, "मरीज पूछ रहे हैं कि आप कितनी देर में आएँगे?"

"दस-पंद्रह मिनट में आता हूँ।" उन्होंने कह तो दिया, पर उन्हें भी यह अंदाजा नहीं था कि उन्हें कितनी देर रुकना पड़ेगा। कम-से-कम जब तक मरीज को होश नहीं आ जाता, तब तक तो रुकना जरूरी ही था। डॉ. राजीव का पूरा ध्यान इस वक्त गौरव की माँ की ओर था।

एक फिजिशियन ने गौरव की माँ का पूरा चेकअप किया, जब उन्हें पता चला कि मरीज को मधुमेह है तो उन्होंने इसके स्पेशलिस्ट को कॉल की। कुछ ही देर में एंडोक्राइनोलॉजिस्ट आ गए। उन्होंने भी मरीज का पूरा चेकअप किया। तुरंत ब्लड टेस्ट कराने का आदेश दिया। कई तरह के ब्लड टेस्ट थे। एक टेक्नीशियन आकर ब्लड सैंपल निकाल ले गया, तुरंत मरीज को डेक्स्ट्रोज सलाईन लगा दिया गया। सारे काम जल्दी-जल्दी में हो रहे थे, पर डॉ. राजीव को लग रहा था कि कितनी देर हो रही है?

गौरव की माँ को होश में आने में जितनी देर हो रही थी, उतनी ही डॉ. राजीव को बेचैनी बढ़ती जा रही थी। गौरव को अस्पताल में अकेला छोड़कर जाना उन्हें उचित नहीं लगा।

अपना डेंटल क्लीनिक शुरू किए डॉ. राजीव को लगभग साल भर ही हुआ था। आजकल व्यावसायिक प्रतिस्पर्धा इतनी ज्यादा है कि किसी भी नए डॉक्टर को स्थापित होने में काफी समय लग जाता है। मरीजों को आकर्षित करने के लिए क्लीनिक को बाहर-भीतर दोनों तरफ से आकर्षक होना चाहिए। इसके लिए उन्हें इंटीरियर डेकोरेटर की सहायता भी लेनी पड़ी थी। इसमें खर्च भी काफी हो गया था।

बड़े शहर के मरीज न केवल पढ़े-लिखे होते हैं, बल्कि जागरूक भी होते हैं। क्लीनिक के अंदर अत्याधुनिक उपकरण का होना भी आवश्यक है। अन्यथा मरीज क्लीनिक का मुआयना कर दूसरी जगह चले जाते हैं। चिकित्सा की बात तो बाद में आती है। इन सबके लिए उन्हें लाखों रुपए का ऋण लेना पड़ा। अभी क्लीनिक से जो भी आय होती है, वह सब ऋण अदायगी में ही चली जाती है। मुख्य सड़क पर क्लीनिक होने के कारण उसका किराया भी काफी ज्यादा था। इन सबकी भरपाई के लिए डॉ. राजीव ज्यादा-से-ज्यादा समय क्लीनिक में देते, ताकि आया हुआ कोई भी मरीज डॉक्टर को क्लीनिक में न देख, दूसरे डॉक्टर के यहाँ न चला जाए, वैसे भी आजकल कोई प्रतीक्षा करना नहीं चाहता। इसलिए पहले ही डॉक्टर से एपॉइंटमेंट ले लेता है।

धीरे-धीरे अब क्लीनिक रफ्तार पकड़ने लगा है। मरीजों का विश्वास भी उनमें जमने लगा है। पर एक भी मरीज डॉक्टर की अनुपस्थिति में लौट गया तो इसका असर क्लीनिक की सेहत पर पड़ता है। काफी देर हो गई थी, अब तक तो कई मरीज क्लीनिक में उन्हें न पाकर लौट गए होंगे! किसी दूसरे डॉक्टर के क्लीनिक चले गए होंगे! डॉ. राजीव ने सोचा और अपनी कलाई घड़ी पर नजर डाली। शाम के साढ़े छह बजने को थे। अधिकतर मरीज इसी समय क्लीनिक में आते हैं। अभी तक गौरव के पापा भी आए नहीं थे। इसलिए बेहोश गौरव की माँ को छोड़कर जा भी नहीं सकते थे।

जब गौरव की माँ के शरीर में हरकत हुई और उसने आँखें खोली, तब डॉ. राजीव की जान-में-जान आई। वह आश्चर्य से अपने हाथ में लगे सलाईन को देख रही थी और आसपास के वातावरण को समझने की कोशिश कर रही थी। डॉ. राजीव ने राहत की साँस ली। संक्षिप्त में घटना की जानकारी देते हुए बताया कि वह घर पर बेहोश पड़ी थी। गौरव के साथ वे उन्हें अस्पताल लाए, जिससे समय पर इलाज शुरू हो पाया।

गौरव की माँ कुछ पल डॉ. राजीव को देखती रही, फिर साथ खड़े गौरव को देखा तो उसके चेहरे पर मुसकान आ गई।

"अच्छा, अब मैं चलता हूँ।"

हाथ जोड़कर डॉ. राजीव ने गौरव की माँ से कहा, "क्लीनिक पर मरीज मेरा इंतजार कर रहे हैं। घबराने की कोई बात नहीं है, सब ठीक है, मैंने इलाज करनेवाले डॉक्टर से बात कर ली है।"

"पर अंकल, अभी तो पापा आए नहीं हैं?"

"तो क्या हुआ? तुम मम्मी के साथ हो न। तुमने फोन कर पापा को यहाँ का पता बता दिया है न। अब तो मम्मी को होश भी आ गया है। मैं चलता हूँ।"

"पर···अंकल···मैं यहाँ अकेला···" गौरव ने डॉ. राजीव को रोकना चाहा।

"कम ऑन यंग मैन!"

डॉ. राजीव ने गौरव का हौसला बढ़ाते हुए उसके कंधे पर हाथ रखकर कहा, "तुम बहुत बहादुर हो। मम्मी का खयाल रख सकते हो। तभी तो तुम्हारे पापा दूसरे शहर में नौकरी कर पाते हैं। कुछ देर में वे भी आ ही जाएँगे।"

डॉ. राजीव जब तक अपने क्लीनिक पहुँचे, तब तक काफी समय निकल चुका था। पता चला, कई मरीज डॉक्टर को क्लीनिक में न पाकर

दूसरे डॉक्टर के क्लीनिक चले गए थे। कुछ पुराने मरीज भी थे, जो इंतजार कर जा चुके थे।

डॉ. राजीव अपनी कुरसी पर बैठे तो लगा जैसे वे बेहद थक चुके हैं। अचानक ही पैरों में कँपकँपी-सी महसूस होने लगी। लगा, जैसे बहुत कमजोर हो गए हों। सोचने लगे—अच्छा ही हुआ सारे मरीज चले गए, वरना उनमें इतनी ताकत नहीं बची थी कि वे एक भी मरीज देख सकें।

कुछ देर पैर फैलाकर आँखें बंद कर वे बैठे रहे और आज की घटना याद करते रहे। मरीजों के क्लीनिक से लौट जाने का डॉ. राजीव को अफसोस तो हुआ, पर इस बात की खुशी थी कि बेहोश मरीज को समय पर अस्पताल पहुँचाकर उन्होंने किसी की जान बचाई।

इस घटना को काफी दिन गुजर गए। न तो गौरव, न ही उसके पिता गौरव की माँ का हालचाल बतलाने आए। न तो उन्होंने धन्यवाद ज्ञापन किया, न ही रुपए लौटाए। डॉ. राजीव को बड़ा अजीब सा लगा। गौरव तो बच्चा है, पर उसके माता-पिता को तो सोचना चाहिए!

एक दिन क्लीनिक जाते समय गौरव के पिता दिखाई पड़ गए। डॉ. राजीव सोचने लगे—यह कैसा व्यक्ति है, जिसने शिष्टाचारवश भी धन्यवाद देने की औपचारिकता तक नहीं निभाई, जबकि उसकी बेहोश पत्नी को जान का खतरा था?

"अब गौरव की माँ की तबीयत कैसी है?" डॉ. राजीव ने ही पास जाकर टोका।

"उसकी तबीयत को तो कुछ हुआ नहीं था?" गौरव के पिता ने जब कहा तो डॉ. राजीव को बड़ा आश्चर्य हुआ। कहाँ तो गौरव की माँ काफी देर से बेहोश पड़ी थी, उनकी नब्ज भी धीमी पड़ गई थी और ये कह रहे हैं, कुछ हुआ ही नहीं!

गौरव के पिता फिर शिकायती लहजे में कहने लगे, "डॉक्टर साहब, आप किस महँगे अस्पताल में पत्नी को लेकर चले गए? इतना

लंबा-चौड़ा बिल बनाकर अस्पतालवालों ने थमा दिया। छोटी सी बात के लिए इतने रुपए खर्च हो गए और आप बच्चे को अस्पताल में अकेला छोड़कर कैसे चले गए? कम-से-कम मेरे पहुँचने तक तो वहाँ रुकते।" उसने रुपए लौटाने की कोई चर्चा तक नहीं की।

डॉ. राजीव सुनकर अवाक् रह गए। कहाँ तो वे उम्मीद कर रहे थे कि गौरव के पिता, पत्नी की जान बचाने के लिए उसकी सराहना करेंगे। पर धन्यवाद तो दूर, उन्हें उलाहना ही मिला! अब उनकी समझ में आया कि अपार्टमेंट के लोग गौरव के परिवार से कटे-कटे क्यों रहते हैं! व्यक्ति का भावनाहीन बन जाना ही क्या महानगरीय सभ्यता है?

□

8

वंश का अंश

सुबह डॉ. वसुधा जब अपने क्लीनिक पहुँचीं तो तीन-चार मरीज उनकी प्रतीक्षा में थीं। सबसे पहले डॉ. वसुधा ने श्वेता को चेकअप के लिए अंदर बुलाया। दरअसल, श्वेता के पति विनय के कई फोन सुबह से आ चुके थे। श्वेता नौ माह की गर्भवती थी तथा उसे सुबह पाँच बजे से ही कमर में दर्द शुरू हो गया था, जो क्रमश: बढ़ता ही जा रहा था। लगता था कि प्रसव पीड़ा शुरू हो चुकी थी। वैसे तो नौ माह पूरे होने पर प्रसव पीड़ा होना एक सामान्य प्रक्रिया है, पर डॉ. वसुधा के लिए श्वेता एक खास मरीज थी। शादी के आठ वर्षों बाद, काफी इलाज कराने पर वह गर्भवती हुई थी। बच्चा श्वेता-विनय के लिए तो अनमोल था ही, पर सुरक्षित प्रसव कराना भी डॉ. वसुधा के लिए एक चैलेंज से कम नहीं था। हालाँकि ऐसे चैलेंज वह कई बार फेस कर चुकी हैं, फिर भी हर बार सावधानी बरतना वह आवश्यक समझती हैं। जरा सी चूक उनके सारे प्रयासों पर पानी फेर सकती है। ऐसे में जच्चा-बच्चा का हर पल ध्यान रखना आवश्यक है। मरीज की जाँच करने के बाद डॉ. वसुधा ने विनय से कहा, “बच्चा होने में अभी समय लगेगा। पर मरीज को भरती कर डॉक्टर की देखरेख में रखना जरूरी है।”

“बच्चा ठीक तो है न? कितना समय लगेगा? आज बच्चा हो जाएगा न?” श्वेता ने एक साथ कई प्रश्न कर डाले। उसके चेहरे पर

पीड़ा के साथ चिंता की रेखाएँ उभर आईं।

"सबकुछ नॉर्मल रहा, तब भी छह से आठ घंटे का समय तो प्रथम प्रसव में लग ही जाता है, पर ऑपरेशन के लिए मानसिक रूप से तैयार रहना होगा। जरा भी कॉम्प्लिकेशन की आशंका हुई तो मैं कोई रिस्क नहीं ले सकती। आफ्टरऑल यह प्रेशियस चाइल्ड है।" डॉ. वसुधा ने कुछ समझाते हुए आश्वस्त किया।

"ऐसा है तो सिजेरियन ही कर दीजिएगा। मुझसे और सहा नहीं जाता।"

"दर्द या इंतजार?" डॉ. वसुधा ने मुसकराते हुए कहा। "दर्द के बिना प्रसव हो नहीं सकता और जहाँ तक इंतजार की बात है, तो जब नौ महीने इंतजार किया है तो कुछ घंटे और सही।" डॉ. वसुधा श्वेता को आश्वस्त करती हुई दूसरे मरीज को देखने लगी।

"माँ को फोन कर बुला लेना चाहिए।" श्वेता ने विनय से कहा।

"मेरी माँ तो हैं ही यहाँ, फिर क्या जरूरत है, उन्हें परेशान करने की? बेवजह भीड़ बढ़ाने से क्या फायदा?" विनय ने श्वेता की बात काटते हुए कहा।

"फोन कर बता देता हूँ कि तुम क्लीनिक में भरती हो गई हो।"

लगभग दो घंटे के ऑब्जर्वेशन के बाद डॉ. वसुधा ने बताया कि सिजेरियन ऑपरेशन करना ही पड़ेगा। श्वेता और विनय इसके लिए मानसिक रूप से तैयार तो थे ही, बल्कि श्वेता तो शुरू से ही कह रही थी कि सिजेरियन कर दीजिए। उससे बच्चे के आने की प्रतीक्षा सहन नहीं हो रही थी। वह चाहती थी कि बच्चा जल्द-से-जल्द बाहर आ जाए, ताकि वह भी माँ की गरिमा से परिपूर्ण हो जाए।

नर्स ने विनय से ऑपरेशन के लिए सहमति-पत्र पर हस्ताक्षर कराए, तभी विनय का मोबाइल बजा। फोन पर बातें करते हुए उसके चेहरे का रंग बदलने लगा। वह टहलते हुए श्वेता से कुछ दूर चला गया,

ताकि श्वेता फोन पर होनेवाली बातें सुन न सके, पर पत्नी से कोई बात कितनी देर छुपाई जा सकती है ? श्वेता उसकी परेशानी भाँप गई थी, पर विनय नहीं चाहता था कि ऑपरेशन के पहले श्वेता किसी चिंता में पड़े।

"किसका फोन है ? बात क्या है ? सब ठीक तो है न ?" श्वेता के स्वर से चिंता साफ झलक रही थी।

"ऑफिस से फोन है। तुम चिंता मत करो। हौसला रखो, सब ठीक हो जाएगा।" विनय ने श्वेता को आश्वस्त करते हुए कहा।

श्वेता को ऑपरेशन थिएटर के अंदर ले जाया गया। ऑपरेशन थिएटर के अंदर जाते हुए श्वेता का मन किसी अनहोनी की आशंका से काँप उठा। विनय के चेहरे के बदलते रंग पहचानने में श्वेता गलत नहीं हो सकती, पर वह पूछे तो किससे ? ऑपरेशन थिएटर के अंदर सभी चेहरे अनजान थे, वे भी आधे ढके हुए। पूरे ऑपरेशन के दौरान श्वेता अनमनी-सी रही। उसे स्पाइनल एनेस्थेसिया के लिए पीठ में दी जानेवाली सूई की न तो चुभन महसूस हुई और न इसके प्रभाव से होनेवाली पैर की झनझनाहट। उसे न तो डॉक्टर द्वारा पूछे सवाल सुनाई दे रहे थे, न और कुछ। कुछ पूछे जाने पर वह अपना सिर हिला भर देती। उसके मन में तो एक ही बात घुमड़ रही थी, फोन पर बातें करते हुए विनय इतना घबराया-सा क्यों था ? उसकी तंद्रा टूटी भी तो नवजात शिशु के क्रंदन से। मातृत्व सुख के अहसास ने आशंकाओं के बादल को कहीं दूर उड़ा दिया था। उसकी नस-नस में नवीन पुलक का संचार होने लगा।

श्वेता के ऑपरेशन थिएटर के अंदर जाने के बाद विनय ने श्वेता के माता-पिता को तुरंत क्लीनिक पहुँचने को कहा। स्वयं घर को रवाना हो गया। फोन घर से आया था। विनय के पिता को अचानक सीने में दर्द उठ आया था। विनय को आशंका हुई, कहीं पिता को हार्ट अटैक तो नहीं हुआ ? घर पहुँचा तो पिता सीना थामकर बैठे थे। चेहरा पसीने से तर-ब-तर था, जबकि गरमी का मौसम भी नहीं था और कमरे का पंखा फुल

स्पीड पर चल रहा था। पास खड़ा नौकर उन्हें पानी पिलाने की कोशिश कर रहा था। फोन उसी ने किया था।

विनय पिता को लेकर तुरंत हार्ट हॉस्पिटल पहुँचा। संयोगवश हार्ट हॉस्पिटल डॉ. वसुधा के नर्सिंग होम के पास ही था। डॉक्टर ने जाँच करने के बाद बताया कि पिता को हार्ट अटैक ही हुआ है। उन्हें तुरंत अस्पताल में भरती कर सी.सी.यू. में शिफ्ट कर दिया गया। विनय अपनी माँ को डॉ. वसुधा के नर्सिंग होम से हार्ट हॉस्पिटल ले आया। तब तक श्वेता के माता-पिता भी नर्सिंग होम पहुँच चुके थे। इस दौरान विनय बड़ी मुश्किल से स्वयं को संयत किए हुए था। सबको यही बताया कि पिता को मामूली दर्द उठा। बस एहतियात के तौर पर अस्पताल में भरती कर दिया, ताकि पिता डॉक्टर की देखरेख में रहें, हालाँकि रोग की गंभीरता से वह वाकिफ था।

विनय की स्थिति बड़ी अजीब सी हो गई थी। वह पिता को देखे अथवा पत्नी को? भागकर कभी डॉ. वसुधा के नर्सिंग होम जाता तो कभी हार्ट हॉस्पिटल। एक ओर चिर-प्रतीक्षित नए जीवन के आगमन का उल्लास था, तो दूसरी ओर जीवन-संध्या के अवसान की आशंका।

जब नर्स ने उसे वंश के चिराग के आगमन की सूचना दी, तब कुछ पल के लिए वह चिंता भूल उल्लास से भर उठा। पिता बनने के अहसास से वह गौरवान्वित हो उठा। वर्षों की प्रतीक्षा के बाद उसे यह गौरव प्राप्त हुआ था। यह सूचना वह जल्द-से-जल्द अपने पिता तक पहुँचाना चाहता था। क्या पता, पोते के आगमन की सूचना पाते ही पिता को रोग से लड़ने की शक्ति प्राप्त हो जाए? चिर-प्रतीक्षित कामना की पूर्ति होता जानकर जीने की जिजीविषा जग जाए और वे जीवंत हो जाएँ!

प्रफुल्ल-वदन विनय जब सी.सी.यू. पहुँचा तो लगा, जैसे पिता उसका इंतजार ही कर रहे हों शुभ समाचार सुनने को। विनय ने पहुँचते ही कहा, "बधाई हो पापा! आपको पोता हुआ है।" पिता के होंठों पर स्मित

मुसकान आई और उन्होंने अस्फुट शब्दों में कहा, "पोता···बेटा··· !" फिर उन्होंने आँखें बंद कर लीं, जैसे वे इस खुशी को आत्मसात् कर लेना चाहते हों। उनके चेहरे पर फैली मुसकान जड़ होकर रह गई थी हमेशा के लिए। विनय अवाक् था, कहीं अत्यधिक खुशी तो उनकी मौत का कारण नहीं बन गई? पोते के आगमन की बेसब्री से प्रतीक्षा उन्हें भी तो थी। बहू का वे जरूरत से कुछ ज्यादा ही खयाल रखते थे। बेटे को भी बहू का खयाल रखने की अकसर हिदायत देते रहते थे, अब जब पोते को खिलाने, देखने का समय आया तो उन्होंने अपनी आँखें ही बंद कर लीं।

शाम को जब डॉ. वसुधा श्वेता को देखने आईं तो श्वेता को उदास, चुपचाप पड़ा देख कहा, "बेटे के आने की खुशी नहीं हुई है क्या?"

"खुशी तो है डॉक्टर! पर पापा (ससुर) अपने पोते को देख पाने की प्रतीक्षा न कर पाए। कम-से-कम पोते का मुख तो देख जाते! कहते थे, हमारे वंश का चिराग आनेवाला है।" कहते-कहते श्वेता रो पड़ी।

वंश का चिराग! पोते का मुख···अचानक ही डॉ. वसुधा चौक गईं। पिछले साल की बातें याद आने लगीं, जब एक शाम एक बुजुर्ग उनके नर्सिंग होम में आया था। उस शाम सारे मरीज देख चुकने के बाद वह घर जाने की तैयारी में थीं।

"रेणु! अब और कोई मरीज देखने को नहीं है न?" आखिरी मरीज देख चुकने के बाद डॉ. वसुधा ने साबुन से हाथ धोते हुए नर्स से पूछा।

"मरीज तो अब कोई नहीं है मैम, पर एक आदमी आपसे मिलना चाहता है। भेज दूँ उसे?" रेणु ने पूछा।

"नहीं, उसे कहो कल मिले। आज मैं घर जल्दी जाना चाहती हूँ। मेरी बेटी हॉस्टल से आनेवाली है।" डॉ. वसुधा ने अपना सामान समेटते हुए दृढ़ता से कहा।

"पर मैम, वह बहुत रिक्वेस्ट कर रहा है, सिर्फ दो मिनट बात करना चाहता है।"

"कहा न, कल मिलने को कहो।" डॉ. वसुधा ने झुँझलाते हुए कहा। सोचा, कोई मेडिकल रिप्रेजेंटेटिव होगा। ऐसे ही दो मिनट कहकर वे काफी समय ले लेते हैं। आज वह कुछ सुनने के मूड में नहीं थी। उसका पूरा ध्यान तो जल्द-से-जल्द घर पहुँचने में था।

रेणु कमरे से बाहर गई, फिर तुरंत ही वापस आ गई। "मैम, वह बहुत रिक्वेस्ट कर रहा है। बहुत परेशान लगता है। कह रहा है कि उसका आपसे मिलना बहुत जरूरी है।"

"अच्छा, भेज दो।"

डॉ. वसुधा ने झुँझलाते हुए सोचा—'जितनी देर बहस चलती रहेगी, उतनी देर में बात ही क्यों न कर ली जाए!'

कमरे में जो व्यक्ति दाखिल हुआ, वह एक बुजुर्ग व्यक्ति था। सामान्य कद-काठी का। सिर के बाल सामने से उड़े हुए थे। बाकी बचे बालों में से आधे से ज्यादा बाल सफेद थे। पहनावे से वह एक संभ्रांत व्यक्ति लग रहा था। माथे पर चिंता की लकीरें साफ झलक रही थीं।

"कहिए, मैं आपके लिए क्या कर सकती हूँ?" डॉ. वसुधा ने उन्हें बैठने का इशारा करते हुए पूछा।

डॉ. वसुधा शहर की जानी-मानी स्त्री-रोग विशेषज्ञ हैं। उन्होंने इंफर्टिलिटी ट्रीटमेट की विशेष ट्रेनिंग ली हुई है। उनका नाम इसलिए भी विख्यात है, क्योंकि उनके इलाज से कई नि:संतान दंपतियों को संतान-सुख प्राप्त हुआ है। उनसे इलाज के लिए पति-पत्नी दोनों उनके पास आते हैं। एक बुजुर्ग, अनजान व्यक्ति को उनसे क्या काम?

"अभी-अभी जो दंपती आपके क्लीनिक से गए हैं, मैं उनके संबंध में बात करना चाहता हूँ।" बुजुर्ग व्यक्ति ने कहा।

"सॉरी। हम अपने मरीज की कोई भी बात किसी अन्य व्यक्ति को नहीं बताते। ये मेडिकल इथिक्स के विरुद्ध है।" डॉ. वसुधा ने सख्ती से कहा।

"क्षमा कीजिएगा। दरअसल, पहले मुझे अपना परिचय देना चाहिए था। अभी-अभी जो दंपती यहाँ से गए हैं, वे मेरे बेटे और बहू हैं। इसीलिए मैं उनसे संबंधित बातें करना चाहता हूँ।"

"तो क्या आप अपने बेटे-बहू की जासूसी करते हैं? क्या आपके बेटे-बहू को पता है कि आप यहाँ आए हैं?" डॉ. वसुधा ने तनिक रोष में कहा।

"नहीं, और मैं यह नहीं चाहता कि उन्हें पता चले।" बुजुर्ग ने दृढ़ता से कहा।

"फिर तो उनके बारे में मैं भी आपको कुछ बता नहीं सकती। आप क्यों बेकार में मेरा और अपना वक्त जाया कर रहे हैं? कहा न, ये मेडिकल इथिक्स के विरुद्ध है।" संयत करने की कोशिश करते हुए भी डॉ. वसुधा की आवाज कुछ ऊँची हो गई थी।

"मुझे पता है, मेरा बेटा और बहू आपके पास लगभग साल भर से बाँझपन का इलाज करवा रहे हैं। उनकी शादी को छह-सात वर्ष हो गए हैं और अभी तक उन्हें कोई बच्चा नहीं हुआ है, आखिर मेरी भी तो इच्छा होती है कि पोते-पोती का मुँह देखूँ। मेरे भी वंश का चिराग रोशन हो। मुझे यह भी पता है कि मेरी बहू में कोई कमी नहीं है। मेरे बेटे के वीर्य में ही शुक्राणु की मात्रा कम है। जो शुक्राणु हैं, उसमें स्वस्थ शुक्राणु बहुत ही कम हैं। वर्षों से इलाज चल रहा है, पर कोई फायदा दवाइयों से हुआ नहीं है। मैंने बेटे-बहू की सारी रिपोर्ट पढ़ ली हैं।" बुजुर्ग ने एक साँस में सारी कहानी कह डाली।

थोड़ा रुककर कहा, "यह मेरा इकलौता बेटा है। मेरी भी तो इच्छा होती है कि अपने वंश को बढ़ता हुआ देखूँ।" बुजुर्ग की आवाज भर्रा गई थी। डॉ. वसुधा भी कुछ द्रवित हो गई थीं।

"सारी स्थिति तो आप जानते ही हैं, फिर मुझसे क्या चाहते हैं?" डॉ. वसुधा ने आवाज़ में नरमी लाते हुए पूछा।

"मैं यह जानना चाहता हूँ कि ऐसे केस में आगे इलाज की क्या प्रक्रिया अपनाई जाती है? मेरे कहने का मतलब यह कि क्या उम्मीद की जा सकती है?"

"ऐसे केस में पहले तो यह कोशिश रहती है कि स्वस्थ शुक्राणुओं को अलग कर उन्हें ज्यादा सक्रिय (एक्टिव) बनाया जाए, फिर इन शुक्राणुओं को स्त्री के गर्भाशय में प्रवेश कराया जाता है। इस विधि में शुक्राणु के स्त्री के परिपक्व निषेचित डिंब से संयुक्त होने पर फर्टिलाइजेशन की संभावना रहती है।"

"यदि किसी कारणवश यह विधि सफल नहीं होती है, तब आप क्या करती हैं?"

यदि कोई मरीज या उसका कोई संबंधी इतने सवाल पूछता तो डॉ. वसुधा झुँझला उठतीं और कहतीं कि मेडिकल की पढ़ाई करनी है क्या? पर इस वक्त वह यंत्रवत् उस बुजुर्ग के सवालों का जवाब देती जा रही थीं। वह यह भी भूल चुकी थीं कि उन्हें घर जल्दी पहुँचना है।

"ऐसी स्थिति में हम डोनर इनसेमिनेशन करते हैं। यह हम तभी करते हैं, जब दंपती अपनी लिखित सहमति देते हैं।"

"मुझे पता है।" बुजुर्ग ने रुमाल से अपने माथे पर चुहचुहा आए पसीने को पोंछते हुए कहा।

"दो बार आपने आर्टिफिशियल इनसेमिनेशन किया भी, पर यह सफल नहीं रहा।"

"लगता है कि आपने अपने बेटे के इलाज से संबंधित सारी रिपोर्ट का गहन अध्ययन किया है।"

"इकलौता बेटा है। मेरी भी तो इच्छा होती है कि अपने वंश को फलता-फूलता देखूँ।"

"देखिए! कोशिश करना हमारा काम है। ऊपरवाले की इच्छा होगी तो आप पोते या पोती का मुँह अवश्य देख पाएँगे।"

"आपका बड़ा यश सुना है। मेरे बेटे-बहू सही जगह पर इलाज करा रहे हैं।"

"ईश्वर ने चाहा तो जल्द ही आपकी मनोकामना भी पूरी हो जाएगी।" डॉ. वसुधा ने बातचीत खत्म करनी चाही।

"डॉक्टर! आपसे एक निवेदन है।"

"कहिए?" डॉ. वसुधा प्रश्नसूचक नजरों से बुजुर्ग को देखती रहीं।

"मुझे आपसे अकेले में कहना है।" कमरे में इधर-उधर देखते हुए बुजुर्ग की नजर नर्स पर ठहर गई थी।

इशारा समझ डॉ. वसुधा ने नर्स को कमरे से बाहर जाने को कहा। कुछ देर तक कमरे में चुप्पी छाई रही। लगता था, जैसे बुजुर्ग व्यक्ति कुछ कहने का साहस अंदर-ही-अंदर जुटा रहे हों। माथे पर चुहचुहा आई पसीने की बूँदें इसका प्रमाण दे रही थीं। बुजुर्ग व्यक्ति ने माथे पर आए पसीने को पोंछा, फिर सिर उठाकर कहा, "सीमेन बैंक से सीमेन लेने के बजय क्या फ्रेश सीमेन किसी डोनर से लेकर प्रयोग में लाया नहीं जा सकता?"

"फ्रेश डोनर इनसेमिनेशन किया जा सकता है। पर बैंक से सीमेन लेने पर व्यक्ति की पहचान छिपी रहती है। बच्चा किसका है, ये न तो इलाज करनेवाले डॉक्टर को पता होता है और न इलाज करानेवाले दंपती को। इस तरह किसी पर भी कोई मनोवैज्ञानिक दवाब नहीं पड़ता है।"

"यह बात भी ठीक है, पर बच्चा हमारे वंश का तो होगा नहीं?"

"बच्चा आपकी बहू के गर्भ से पैदा होगा, फिर किसे पड़ी है यह पता करने की कि यह किसके वंश का है? संतान का सुख तो आपके परिवार को मिलेगा ही।"

"पर, मुझे तो यह पता होगा ही कि वह बच्चा मेरे वंश का नहीं है, फिर मैं उसे कैसे अपना सकूँगा?"

"जब आपके बेटे को कोई एतराज नहीं है, फिर आप क्यों परेशान

हो रहे हैं? यही समझिए कि बेटे की खुशी में ही आपकी खुशी है।"

"उसने मजबूरी में ही अपनी सहमति दी होगी। बच्चा अपने वंश का होता तो अच्छा था।"

"मैं आपके लिए क्या कर सकती हूँ?" डॉ. वसुधा को बुजुर्ग की बातों से खीज होने लगी थी। कितनी देर से वह घुमा-फिराकर बातें कर रहा था। इसलिए काफी संयमित होने के बावजूद उसकी आवाज थोड़ी तल्ख हो गई थी।

"आखिर आप मुझसे चाहते क्या हैं?"

"डोनर के रूप में मेरा सीमेन लेकर आप प्रयोग कीजिए।" बुजुर्ग ने एक साँस में ये बातें कह दीं।

"क्या?" डॉ. वसुधा एकबारगी चौंक गईं। ऐसी बात की उम्मीद उन्हें जरा भी नहीं थी।

"जब आप किसी भी व्यक्ति का सीमेन प्रयोग में ला सकती हैं तो मेरा क्यों नहीं? इससे जो संतान होगी, उसमें मेरे वंश का अंश तो रहेगा। बस बेटे को इसका पता नहीं होना चाहिए।"

ओह! तो इतनी लंबी-चौड़ी भूमिका इस बात के लिए बाँधी जा रही थी! डॉ. वसुधा सोच में पड़ गई। डॉक्टर के जीवन में कभी-कभी विचित्र परिस्थितियाँ आ जाती हैं।

डॉ. वसुधा को सोच में पड़े देख बुजुर्ग व्यक्ति ने अपना फोन नंबर देते हुए कहा, "अगली बार जब आप बहू का इनसेमिनेशन कीजिएगा तो मुझे फोन अवश्य कीजिएगा।" बुजुर्ग व्यक्ति उठकर कमरे से बाहर चला गया।

डॉ. वसुधा हतप्रभ-सी बैठी रहीं। वह भूल चुकी थीं कि उन्हें घर जल्दी पहुँचना है। सोचने लगी—डॉक्टर के जीवन में कई बार ऐसे क्षण आते हैं, जब उसे निर्णय लेने में कठिनाई होती है। सहसा उन्हें महाभारत की कहानियाँ याद आने लगीं। वंश चलाने के लिए आवश्यकता पड़ने पर

संतान-प्राप्ति के लिए दूसरे व्यक्ति की सहायता लेना भारतीय संस्कृति में कोई नई बात नहीं है, फिर वह क्यों हिचक रही हैं? बुजुर्ग को वह सिर्फ एक व्यक्ति के रूप में जानती हैं। बुजुर्ग का उनके मरीज से क्या संबंध है, इस बात को उन्हें भूल जाना होगा, तभी यह संभव होगा।

कुदरत का करिश्मा देखिए! इस बार इनसेमिनेशन करने पर श्वेता को गर्भ ठहर गया।

श्वेता के गर्भाशय में डोनर के रूप में किसका सीमेन प्रयुक्त हुआ था, यह बात या तो डॉ. वसुधा जानती थीं अथवा वह बुजुर्ग। तो क्या श्वेता के ससुर इसी वजह से मानसिक रूप से परेशान थे? श्वेता के गर्भ से पैदा होनेवाला शिशु सुकून के बजाय क्या तनाव दे गया? अथवा क्या उनके अंदर इतना अपराधबोध भर गया कि वे आनेवाले शिशु का सामना करने से कतराने लगे? क्या मानसिक रूप से वे इतने दबाव में थे कि उन्हें हार्ट अटैक आ गया? कितने ही सवाल डॉ. वसुधा के मन में उमड़ने-घुमड़ने लगे। कारण जो भी हो, इस राज को जाननेवाला एक व्यक्ति तो दुनिया से चला गया। दूसरी राजदार डॉ. वसुधा स्वयं थीं। वह जानती थीं कि यह राज हमेशा राज ही रहेगा, क्योंकि इसे राज रखना उनके पेशे का हिस्सा है।

रोती हुई श्वेता को उसकी माँ समझा रही थी, "मत रो बेटी! तुम्हारे ससुर को भी पोते की चाह थी। क्या पता ससुर की आत्मा ने ही तुम्हारे बेटे के शरीर में प्रवेश किया हो? मातम मनाने से उन्हें दुःख होगा।"

"हाँ···, ठीक ही तो कह रही है तुम्हारी माँ। तुम्हें तो खुश रहना चाहिए।" डॉ. वसुधा ने सांत्वना देते हुए कहा। मन में सोचा—आत्मा का तो पता नहीं, पर वंश का अंश तो है ही नवजात शिशु में।

□

9

प्रारब्ध

शाम का धुँधलका धीरे-धीरे रात्रि की कालिमा में परिवर्तित होने लगा था। पति के ऑफिस से लौटने का इंतजार करती ममता अब ऊबने लगी थी। घर के सारे काम वह निबटा चुकी थी, अब उसके पास करने को कोई काम नहीं था। शाम की चाय का इंतजाम, यहाँ तक कि रात के खाने का इंतजाम वह कर चुकी थी। टी.वी. खोला, पर वही घिसे-पिटे कार्यक्रम देखने की इच्छा नहीं हुई। टी.वी. बंद कर वह बालकनी में आ गई। शाम के धुँधलके को गहराते देखती रही। उसे लगा, उसके जीवन में भी इस तरह अंधकार गहराने लगा है। इस अंधकार में उसे कोई रास्ता नजर नहीं आ रहा था। उसे लगता, जैसे उसके जीवन में सिर्फ अंधकार-ही-अंधकार है।

ऐसा नहीं है कि आज ही पति को आने में देर हो रही हो। इधर कुछ हफ्तों से वे रोज ही देर से आने लगे हैं, कभी-कभार शराब भी पीकर आते हैं। आते ही बेवजह झल्लाना, गाली-गलौज करना आम बात हो गई है। ममता इस बात का पूरा ध्यान रखती कि पति घर आने पर गुस्सा न करें। इसके लिए वह हमेशा घर साफ-सुथरा रखती, सारा सामान करीने से रखती। पति की हर बात का ध्यान रखती, फिर भी हर काम में कोई-न-कोई नुक्स निकालकर डाँट-फटकार करना आम बात हो गई।

सुबह उठकर ही वह काम में लग जाती। जाड़े में पति के नहाने के

लिए बाथरूम में गरम पानी रखना, कपड़े निकालकर इस्तरी करना, पति की पसंद का नाश्ता बनाना, टिफिन तैयार करना इत्यादि। पति सुबह साढ़े नौ से दस बजे के बीच ऑफिस के लिए निकल जाते तो शाम साढ़े छह बजे से पहले नहीं आते। पति के जाने के बाद ममता को कोई खास काम रहता नहीं। घर की साफ-सफाई में समय ही कितना लगता! टी.वी. देख-देख वह समय बिताती, पर अब उससे भी ऊब होने लगी थी।

जब तक सास जीवित थी, तब कुछ समय उसका गुजर जाता था। सास कभी कहती, ये करो, कभी वो करो। कुछ नहीं तो सास के पैर ही दबाने पड़ते। कभी सास के किस्से सुनने होते और अकसर ताने।

लगभग साल भर पहले सास के गुजर जाने के बाद ममता को सास के अनावश्यक कार्यों और तानों से छुटकारा तो मिल गया, पर वह अचानक ही खालीपन महसूस करने लगी। कोई संतान भी तो नहीं थी, जिसकी देखरेख करने में समय गुजरता।

लगभग तीन वर्ष पहले रमेश चंद्र झा से ममता की शादी हुई थी। शुरू में पति का व्यवहार बड़ा ही स्नेहिल था। तब उसने एक दिन बड़ी हिम्मत कर पूछा था कि वह आगे की पढ़ाई, अर्थात् बी.ए. करना चाहती है। इंटर तक की पढ़ाई उसने की थी, तब पति ने समझाते हुए कहा था—"घर ही तो सँभालना है तुम्हें। पढ़ाई-वढ़ाई के चक्कर में क्यों पड़ती हो? तुम कॉलेज जाओगी तो माँ-बाबूजी की देखभाल कौन करेगा? फिर घर में नन्हा-मुन्ना आ जाएगा तो उसे कौन सँभालेगा?"

पति की बात मान ममता सास-ससुर की देखभाल में ही लगी रही। लकवाग्रस्त ससुर बहू की देखभाल से छह माह तक जीवित रहे। लगभग साल भर बाद सास भी चल बसी। अब ममता को घर में कोई खास काम नहीं था, इसलिए एक दिन पति का मूड अच्छा देख उसने फिर आगे पढ़ाई करने की बात छेड़ी।

"आखिर तुम पढ़ना क्यों चाहती हो? पढ़-लिखकर नौकरी करना

चाहती हो ? क्या मेरी तनख्वाह तुम्हें पूरी नहीं होती ?"

"ऐसी बात नहीं है। दरअसल घर में कोई काम नहीं है तो मन नहीं लगता है।"

"तो तुम मन लगाने के लिए कॉलेज जाना चाहती हो ! दोस्त बनाने, घूमने-फिरने, पिक्चर देखने के लिए जाना है ? पिक्चर ही देखनी हैं तो घर पर बैठकर टी.वी. पर देख लिया करो, जितनी पिक्चर देखनी हैं। इसके लिए कॉलेज जाने की जरूरत क्या है ?"

इसके बाद ममता की हिम्मत नहीं हुई कि फिर कभी कॉलेज जाने की बात करे। अगर बी.ए. में नामांकन हो जाता तो वह पढ़ाई भी कर लेती और समय का सदुपयोग भी हो जाता। पर अब करे क्या ? शादी को तीन साल हो गए, कोई बच्चा भी तो नहीं हुआ। पोते का मुँह देखने की आस लिये सास-ससुर भी चल बसे। कई बार पति से कहा भी कि चलकर डॉक्टर से जाँच कराते हैं, पर वे तैयार होते ही नहीं।

बाहर गहरा अँधेरा छा गया था। बालकनी में बैठे-बैठे अब हलकी ठंड लगने लगी थी। ममता कमरे में आ गई। आठ बजने को थे। उसने सोचा कि कुछ भी हो जाए, आज निर्णय लेना है, या तो कॉलेज में नामांकन हो जाए अथवा बच्चे के लिए कोशिश की जाए। जो भी हो, आज वह बात करके ही रहेगी।

लगभग नौ बजे पतिदेव घर आए। साँस की दुर्गंध से ही पता चल रहा था कि आज वे फिर पीकर आए हैं। ममता को गुस्सा तो बहुत आया, पर खुद को उसने संयत कर लिया, क्योंकि बात बढ़ाने से कोई फायदा होनेवाला तो था नहीं। यथासंभव वाणी में माधुर्य लाते हुए उसने कहा, "आज फिर आने में बहुत देर हो गई।"

"मेरा घर है, जब चाहे आऊँ, जब चाहे जाऊँ। तुम कौन होती हो हुक्म चलानेवाली ?"

"आप थक गए होंगे, इसलिए कह रही थी। लगता है, आजकल

ऑफिस में काम बहुत बढ़ गया है।" ममता ने सहानुभूति जताने की कोशिश की।

"मैं ऑफिस जाऊँ या कहीं और जाऊँ। तुमसे पूछकर जाना पड़ेगा क्या?" पति के तेवर में कोई कमी नहीं आई।

ममता को लगा, कुछ कहना बेकार ही है। इसलिए उसने कहा, "हाथ-मुँह धो लीजिए। मैं खाना लगाती हूँ।"

"मुझे खाना नहीं खाना है।"

"कुछ तो खा लीजिए।"

"कहा न, मुझे खाना नहीं खाना है।"

"अच्छा! एक गिलास दूध ही पी लीजिए।"

"ये तो जबरदस्ती करने की हद है।"

ममता ने खाने के लिए कहना छोड़ दिया। खुद भी नहीं खाया। पर सोचा, कुछ भी हो, आज अपनी बात कहकर ही रहेगी। पति कपड़े बदलकर बिछावन पर जाने को तैयार थे।

"मुझे आपसे कुछ बातें करनी हैं।"

"कहो। पर मेरा दिमाग खराब मत करो।"

"दिन भर मैं खाली बैठी रहती हूँ। आगे की पढ़ाई..."

"कह दिया न, पढ़ने की कोई जरूरत नहीं है। घर में आराम से बैठी रहती हो तो मन नहीं लगता है। ऑफिस में काम करना पड़े तो समझ में आए कितने झमेले हैं काम करने में। इस बारे में फिर कभी बात मत करना।"

"ठीक है, पढ़ाई के बारे में बात नहीं करूँगी। पर बच्चे के बारे में तो बात कर सकती हूँ न!"

"बच्चे के बारे में क्या बात करनी है?"

"डॉक्टर के पास चलकर जाँच तो करा लें। कभी-कभी थोड़े इलाज के बाद बच्चा हो जाता है।"

"तुम्हें डॉक्टर के पास जाना है तो जाकर जाँच करा लो। मैं जाकर क्या करूँगा।"

"बच्चे के लिए तो दोनों को जाना पड़ेगा न!"

"मैं क्यों जाऊँ? क्या मैं नपुंसक हूँ? कहना क्या चाहती हो? कमी मुझमें है?"

"मेरे कहने का ये मतलब नहीं है। पर जाना तो दोनों को ही पड़ेगा न!"

"स्साली! बाँझ कहीं की! मुझे ही नपुंसक कहती है!"

"मैं बाँझ नहीं हूँ, मैं बाँझ नहीं हूँ।" ममता का सब्र अब टूटने लगा था। वह फफक–फफककर रोने लगी।

"बाँझ नहीं है तो बच्चा क्यों नहीं हुआ अब तक?"

"ये तो आप ही बताइएगा न।"

"फिर मुझपर दोष लगाती है। स्साली¨हरामजादी!"

गुस्से से पति के नथुने फड़फड़ाने लगे। खींचकर ममता को उसने बिछावन पर पटक दिया। पर आज ममता ने भी निश्चय कर लिया था कि सब कहकर ही रहेगी।

"यदि मैं बाँझ हूँ तो पहली पत्नी से आपको बच्चा क्यों नहीं हुआ? वह भी तो आठ साल आपकी पत्नी रही थी।"

"जबान लड़ाती है। मेरी तो किस्मत ही खराब है, जो मेरे पल्ले बाँझ ही आई। पहली तो बेऔलाद चली गई, अब दूसरी मिली है तो वह भी बाँझ निकली।"

"मुझे बाँझ कहकर गाली मत दीजिए।"

"बाँझ को बाँझ नहीं तो क्या कहें? तुम्हें भी तो पहले पति से कोई बच्चा नहीं है। रहता तो उसे ही अपना बच्चा समझ लेते।"

"क्या कहा, फिर से कहिए!" ममता चौंक गई।

"तुम्हारे पहले पति से बच्चा होता तो उसे अपना मान लेता। समझी

कुछ? पर तुम तो बाँझ हो, बाँझ!"

"मैं बाँझ नहीं हूँ, मैं बाँझ नहीं हूँ," कह ममता फफक-फफककर रोने लगी।

बिछावन पर पड़ते ही कुछ ही देर में ममता के पति नींद के आगोश में चले गए। उसे ममता की भावनाओं की कुछ भी परवाह नहीं थी। पति के खर्राटों के बीच ममता का सुबकना कहीं दब-सा गया था। ममता सारी रात सो नहीं पाई। पिछली जिंदगी की बातें चलचित्र की भाँति उसकी आँखों के सामने चलने लगीं।

वह मात्र अठारह वर्ष की थी, जब हेमंत नारायण झा से उसकी पहली शादी हुई थी, तब वह इंटर में पढ़ रही थी। इंटर का इम्तिहान खत्म होते ही उसकी शादी कर दी गई, वैसे जब वह सोलह वर्ष की हुई, तभी से उसके लिए वर की तलाश शुरू हो गई थी। उनके समाज में लड़कियों की शादी जल्दी करने का रिवाज है। बाल-विवाह कानूनी तौर से निषिद्ध है, वरना अठारह से पहले ही उसकी शादी कर दी जाती।

हेमंत नारायण झा दिल्ली में नौकरी करते थे। होटल का खाना खाने की वजह से अकसर उसे पेट खराब होने की तकलीफ थी, शायद इसलिए ममता को शादी के तुरंत बाद ही पति के साथ दिल्ली भेज दिया गया। एक कमरे के फ्लैट में भी ममता पति के साथ बहुत खुश थी। छोटे शहर की रहनेवाली ममता को पहली बार दिल्ली जैसे महानगर में रहने का मौका मिला। हेमंत भी ममता का बहुत खयाल रखते। नई-नई शादी थी, पर नौकरी तो करना जरूरी था। सप्ताह भर काम से फुरसत नहीं मिलती, पर सप्ताहांत को वे दिल्ली की अलग-अलग जगहों पर घूमने जाते। कभी लालकिला तो कभी पुराना किला, कभी कुतुब मीनार तो कभी इंडिया गेट। सोने के दिन और चाँदी की रातें थीं।

समय खुशी-खुशी बीत रहा था। खुशियों में वृद्धि तब और ज्यादा हो गई, जब ममता को पता चला कि वह माँ बननेवाली है। हेमंत ममता

का पूरा ध्यान रखते। ऑफिस से बीच-बीच में फोन कर ममता का हाल-चाल लेते, अपना ध्यान रखने की हिदायत देते। प्रसवकाल समीप आने पर दोनों ट्रेन से घर के लिए रवाना हुए।

ममता उस काली रात को जिंदगी भर भूल नहीं पाएगी। ट्रेन में रात का खाना खाकर वह सो गई थी। उसकी बर्थ नीचेवाली थी, जबकि उसके पति की ऊपरवाली। वह गहरी नींद में थी। अचानक एक धमाके की आवाज से उसकी नींद खुल गई। देखा तो चारों ओर अँधेरा-ही-अँधेरा था। कुछ दिखाई नहीं पड़ रहा था। उसने पति को आवाज देनी चाही। अचानक कुछ शोर-सा सुनाई दिया, फिर पता नहीं क्या हुआ, वह बेहोश हो चुकी थी।

जब उसे होश आया तो पता चला, वह किसी छोटे से अस्पताल में है। उसके आसपास सारे चेहरे अनजान थे। उसकी नजरें पति को ढूँढ़ने लगीं। अनायास ही उसका एक हाथ पेट पर चला गया। पेट में हलचल महसूस हुई। मतलब बच्चा सही-सलामत था। उसने उठने की कोशिश की, पर पास खड़े डॉक्टर ने उसे उठने से मना किया। अगल-बगल के बेड पर लोगों का इलाज चल रहा था। किसी को सलाईन लगा हुआ था। किसी के हाथ में पट्टी बँधी थी तो किसी के माथे पर। अब तक उसे यह पता चल चुका था कि रात में ट्रेन हादसा हुआ था।

ममता अगल-बगल से गुजरनेवाले हर व्यक्ति से अपने पति के बारे में पूछती, पर कोई भी कुछ बता नहीं रहा था। इलाज करने के लिए आए डॉक्टर-नर्स से पति के बारे में पूछती, पर यहाँ तो कोई किसी का नाम तक नहीं जानता। सारे चेहरे अनजान थे। कभी यह सोचकर मन को तसल्ली देती कि कहीं किसी दूसरे कमरे में पति का इलाज चल रहा होगा, जब वह ठीक है तो पति भी ठीक ही होंगे! इच्छा होती, उठकर हर कमरे में जाकर पति को ढूँढ़े, पर उसे बेड से उठने की मनाही थी। कभी किसी अनहोनी की आशंका से सिहर उठती।

दूसरे दिन उसके माता-पिता आए और उसे अपने घर ले गए। वह पति के बारे में पूछती रही, पर किसी ने कुछ बताया नहीं। घर पहुँचने पर रिश्ते की एक चाची ने माथे का सिंदूर पोंछ दिया और हाथों की चूड़ियाँ तोड़ डालीं, तब उसकी आशंका विश्वास में बदल गई। वह विधवा हो चुकी थी। उसने अपने उभरे पेट पर हाथ फेरा और फूट-फूटकर रो पड़ी।

प्रसव में एक महीने का समय बाकी था। ममता पेट पर हाथ रख बच्चे की हलचल महसूस करती तो उसे पति की याद आ जाती और वह रो पड़ती। ढाई वर्षों का समय हँसते-खेलते कैसे बीत गया, पता ही नहीं चला। सोचती, पति के बिना उसकी जिंदगी कैसे गुजरेगी? फिर लगता, पति का अंश तो है उसके पास। उसी के सहारे जिंदगी गुजार लेगी। पिता से कह अपनी पढ़ाई पूरी करेगी, ताकि अपने पैरों पर खड़े होकर बच्चे का पालन कर सके। निश्चय किया, अपने बच्चे को किसी पर बोझ नहीं बनने देगी।

प्रसव पीड़ा होने पर उसे दूसरे शहर के एक प्राइवेट नर्सिंग होम में ले जाया गया। ममता को थोड़ा आश्चर्य भी हुआ कि उसे दूसरे शहर क्यों ले जाया जा रहा है? पर वह सवाल करने की स्थिति में नहीं थी। इस बीच उसके ससुराल से न तो कोई उसे देखने आया और न किसी ने उसका हालचाल पूछा। उसे बड़ा आश्चर्य होता। सोचती—गर्भ में पल रहे शिशु का कुछ तो संबंध है उसके ससुराल से। आखिर शिशु में पति का अंश तो है ही, फिर क्यों नहीं कोई उसे देखने आया?

ममता को क्या पता उसके ससुराल में क्या चल रहा है। रेल-दुर्घटना तो किसी तकनीकी खराबी अथवा गलती से हुई थी, पर ससुराल में तो यही चर्चा थी कि ममता के मनहूस कदम उस घर में पड़े, इसीलिए हेमंत की दुर्घटना में मृत्यु हो गई। ममता तो डायन है, जो उस घर के बेटे को खा गई, वरना ऐसा कैसे संभव है कि दुर्घटना में हेमंत तो मर गया, पर ममता को मामूली चोट भर आई? किसी को ममता के दुःख की कोई

फिक्र नहीं थी। यदि परिवार ने अपना बेटा खोया था तो ममता ने भी तो अपना पति खोया था। पति, जो उसका सर्वस्व था।

ममता की अभी उम्र ही कितनी थी? कुछ महीने पहले ही वह इक्कीस की हुई थी। खुशियों के कुछ ही पल उसने गुजारे थे। जिम्मेदारी सँभालना अभी पूरी तरह से आया भी नहीं था। इस अनुभवहीन युवती को समाज की क्रूरता का अहसास ही नहीं था। उसने जीवन का सिर्फ एक ही पहलू देखा था। दूसरे पहलू से बस रू-ब-रू ही हुई थी। वह तो भूल ही गई थी कि जिस समाज का वह हिस्सा है, वहाँ उसकी सोच कोई अहमियत नहीं रखती। जिंदगी कैसे गुजारनी है, वह तय नहीं कर सकती। उसे तो बस समाज के तय उसूलों पर चलना है और वह जिस समाज से आती है, वहाँ वैधव्य जीवन काटना बहुत कठिन है। हालाँकि समय के साथ समाज में काफी बदलाव आया है, पर इतना भी नहीं कि जीवन सरलता से कट जाए। आगे क्या होगा, इसका जरा भी अनुमान ममता को नहीं था।

जैसे-जैसे प्रसव पीड़ा तेज होती, ममता की बेचैनी बढ़ती जाती। उसकी परेशानी देख डॉक्टर ने सिजेरियन ऑपरेशन करने का निश्चय किया। प्रसवकाल लंबा खिंचने पर बच्चे के मस्तिष्क पर असर होता है और उसका परिणाम अच्छा नहीं होता, पर ममता की माँ ने ऑपरेशन से साफ मना कर दिया और कहा, "यदि आपके यहाँ नॉर्मल डिलीवरी नहीं हो सकती तो हम मरीज को किसी दूसरे नर्सिंग होम में ले जाएँगे।"

डॉक्टर ने कुछ और दवाइयाँ और इंजेक्शन दिए। बहुत कष्ट से ममता को नॉर्मल डिलीवरी हुई। शिशु का क्रंदन सुन ममता ने चैन की साँस ली। शिशु दोपहर बाद पैदा हुआ था। ममता की माँ तो उसे उसी शाम घर ले जाना चाहती थी, पर डॉक्टर ने मना कर दिया। ममता कम उम्र एवं कमजोर थी, अत: कम-से-कम उस रात उसे रुकना जरूरी था, ताकि वह डॉक्टर की देखरेख में रहे। कभी भी उसे रक्तस्राव हो सकता

था। रात जब डॉक्टर पुन: ममता को देखने आई तो उसकी माँ ने डॉक्टर से अनुरोध किया कि वह ममता को अहले सुबह घर ले जाएगी। डॉक्टर ने आवश्यक दवाइयाँ लिखकर डिस्चार्ज स्लिप बना दिया और कहा कि यदि किसी तरह की तकलीफ नहीं होगी तो वह सुबह नर्सिंग होम से घर ले जाए। ममता की माँ ने भी नर्सिंग होम में इलाज के सारे पैसे चुका दिए। उसने बच्चा होने की खुशी में नर्स एवं दाई को बख्शीश भी दी।

सुबह का धुँधलका अभी छँटा भी नहीं था कि माँ ने उसे चलने को उठाया। सारा सामान रखा जा चुका था। ममता जब नर्सिंग होम से निकलने लगी तो उसे बच्चे की चिंता हुई। माँ ने उसे आश्वस्त करते हुए कहा कि मेरे रहते हुए तुम्हें बच्चे की चिंता करने की जरूरत नहीं है। तुम बस अपना खयाल रखो। प्रसव वेदना के बाद की थकावट एवं प्रसव के बाद की कमजोरी ममता को बेसुध बना रही थी।

घर पहुँचने पर ममता को माँ ने बिछावन पर लेटने को कहा, "सफर की थकावट है, जरा आराम कर लो।" ममता बिछावन पर लेट तो गई, पर अब तक उसे शिशु का क्रंदन सुनाई नहीं दिया। वह बेचैन हो गई। माँ से पूछा तो उसने कहा, "तुम बच्चे की चिंता मत करो। अभी तो तुम खुद ही बच्ची हो।"

किसी अनहोनी की आशंका से ममता की चेतना जाग्रत् हो गई। वह बिछावन से उठी और शिशु को पूरे घर में ढूँढ़ने लगी। पता नहीं इस समय उसके शरीर में कहाँ से इतनी शक्ति समा गई थी?

"क्या ढूँढ़ रही हो?" ममता को बेचैन देख माँ ने पूछा।

"मेरा बच्चा?...कहाँ है मेरा बच्चा?" ममता अपनी माँ को झिंझोड़कर पूछने लगी।

"भूल जाओ कि तुम्हारा कोई बच्चा भी है।" माँ की कठोर आवाज से ममता सन्न रह गई।

"क्या किया तुमने मेरे बच्चे के साथ?" ममता रोने लगी।

"कुछ नहीं। पर वह जहाँ भी होगा, ठीक ही होगा। अब तुम्हारा कोई बच्चा नहीं है, बस इतना ही याद रखना।"

"क्या ?" ममता फूट-फूटकर रोने लगी।

जब रोते-रोते ममता थक गई तो माँ ने समझाया, "तुम्हारी अभी उम्र ही कितनी है! सारी जिंदगी पड़ी है। अकेले पहाड़-सी जिंदगी कैसे कटेगी? कभी सोचा है?"

"बच्चे के सहारे जिंदगी कट जाती।"

"अपनी सुंदरता और जवानी देखी है? जब इसके साथ विधवा की विवशता जुड़ जाती है तो समाज उसे जीने नहीं देता।"

"... ... ..."

"देखो बेटा, मेरी बात पर ध्यान दो।" माँ ने प्यार से समझाते हुए कहा।

"अभी तुम्हें जीवन का अनुभव नहीं है, इसलिए तुम्हें बुरा लग रहा है। मैं तुम्हारी भावनाओं को समझ सकती हूँ, क्योंकि मैं भी माँ हूँ। तुम भविष्य में होनेवाली कठिनाइयों के बारे में सोच भी नहीं सकती, जो मैं देख रही हूँ। इसलिए हृदय को जरा कठोर बनाना होगा।"

ममता ने अपने आँसू पोंछे और माँ को देखने लगी। एक ममतामयी माँ को परिस्थिति कितनी कठोर बना देती है?

"तुम तो जानती ही हो हमारे समाज में पहले विधवा का पुनर्विवाह नहीं होता था, अब जमाना बदला है तो पुनर्विवाह होने लगा है। लड़की सुंदर हो, जवान हो तो पत्नी के रूप में उसे स्वीकार कर लिया जाता है, पर उसकी संतान कभी स्वीकार्य नहीं होती और न ही कोई उसका दायित्व लेना चाहता है। इसलिए यह कठोर कदम उठाना पड़ा।"

"तो क्या तुमने उसे मार दिया।"

"न-न," माँ ने ममता के मुँह पर हाथ रखते हुए कहा।

"इतनी भी पापिन नहीं हूँ मैं। बच्चे को नर्सिंग होम में छोड़ दिया।

बच्चा किसी संतानहीन दंपती के सुख का कारण बनेगा।"

ममता को संतोष हुआ कि उसका बच्चा कहीं-न-कहीं जिंदा तो है।

कुछ सालों बाद ममता की दूसरी शादी रमेश चंद्र झा से हो गई, जिसकी पहली पत्नी मर चुकी थी।

आज रमेश चंद्र झा ने शराब के नशे और गुस्से में जब यह कहा कि यदि पहले पति से बच्चा होता तो उसे मैं अपना लेता, तो उसे बहुत अफसोस हुआ। ममता सोचने लगी, 'पता नहीं मेरा बच्चा कहाँ, किस हाल में होगा?' यदि माँ उसे अपने पास रख लेती तो आज वह उसे पति के सामने खड़ा कर कहती, 'देखो मेरा बच्चा, मैं बाँझ नहीं हूँ।' पर अब क्या हो सकता था?

कहीं वह बच्चा किसी अनाथालय में तो नहीं? ऐसा हुआ तो वह उस बच्चे को गोद ले लेगी और अपने वर्तमान पति को बाँझ न होने का सबूत भी दे देगी। यह सोचकर उसके मन में खुशी की लहर दौड़ गई। बच्चा अब कितने साल का हो गया होगा? जोड़कर उसने अनुमान लगाया। पाँच साल हो गए, अब तो स्कूल जाने की उसकी उम्र हो गई। अनाथालय से लाकर उसे खूब पढ़ाएगी, बहुत प्यार देगी। सोचते हुए उसकी आँखों में खुशी के आँसू आ गए। पर दूसरे ही पल उसकी खुशी काफूर हो गई। कहीं किसी दंपती ने उसे कानूनन गोद ले लिया होगा तो··· ?

ममता ने निश्चय कर लिया कि वह पता लगाकर ही रहेगी कि बच्चा कहाँ है? मायके आकर अपनी माँ से जिद करने लगी कि मुझे वहाँ ले चलो, जहाँ मेरा बच्चा पैदा हुआ था। माँ ने समझाने की बहुत कोशिश की कि ब.ती बातों को वह भूल जाए। नशे की हालत में क्रोधवश उसके पति ने बच्चे को अपनाने की बात की थी। पर सचमुच में ऐसा नहीं होता। कोई भी व्यक्ति अपनी पत्नी के पहले पति से उत्पन्न संतान को स्वीकार नहीं करता। पर ममता की जिद के आगे उसे झुकना पड़ा। ममता को उस नर्सिंग होम में ले जाने को उसकी माँ तैयार हो गई।

जब ममता अपनी माँ के साथ नर्सिंग होम पहुँची तो पता चला, डॉक्टर कुछ दिनों के लिए शहर से बाहर गई है। नर्सिंग होम में काम करनेवाली नर्स और दाई भी बदल गई थी। बच्चे के बारे में पता करने का सूत्र तो नर्सिंग होम से ही मिलता, पर अब तो वह सूत्र भी न रहा। मायूस हो ममता और उसकी माँ मरीज के लिए बने वेटिंग हॉल में बैठ गईं। ममता वेटिंग हॉल की दीवारों को ताकने लगी, जैसे दीवारों से ही बच्चे का पता पूछ रही हो!

अनायास ही उसकी नजर दीवार के एक कोने पर जाकर टिक गई। दीवार के उस कोने पर एक ताखा बना हुआ था। उस ताखे पर डॉक्टर के परिवार की फोटो लगी हुई थी। एक फोटो फ्रेम में डॉक्टर कुरसी पर बैठी हुई थी और कुरसी पकड़े उसके पति खड़े थे। दूसरे फोटो में दो युवा लड़कों की फोटो थी। ये डॉक्टर के बेटों की तसवीर थी। एक तीसरा फोटो भी था, जिसका फ्रेम अपेक्षाकृत नया एवं चमकीला था। इस फोटो में डॉक्टर के दोनों युवा बेटों के बीच एक चार-पाँच साल का बच्चा भी था। बच्चे का फोटो देख ममता चौंक उठी।

"ये किसका फोटो है?" तीसरे फोटो की ओर इशारा कर ममता ने नर्स से पूछा।

"मैडम के बेटे हैं।" नर्स ने बताया।

"तीनों?"

"हाँ।"

"पर दो बेटों के बाद तीसरे बेटे की उम्र में तो बहुत साल का अंतर है।" ममता ने आशंका जताई। "छोटा बेटा भी सगा है क्या?"

"मुझे क्या पता? मैं जब यहाँ आई तो वह डेढ़-दो साल का था। अकसर अपनी मम्मी के साथ नर्सिंग होम चला आता था। पहले तो मैं भी समझी थी कि पोता है। बाद में पता चला बेटा है।"

"क्या किसी तरह उस बच्चे को मुझे दिखला सकती हो?" मिन्नत करती-सी ममता ने पूछा।

"मैडम तो उसे लेकर अपने बड़े बेटे के पास अमेरिका चली गई हैं।" नर्स ने बताया।

"बच्चा तो स्कूल जाता होगा ?"

"हाँ, शहर के सबसे अच्छे स्कूल में उसका नाम लिखाया गया है। अपनी मम्मी से तो वह अंग्रेजी में ही बात करता है।"

"क्या सचमुच वह मैडम का ही बेटा है ?"

नर्स ममता के करीब आ गई। उसके कान के पास फुसफुसाती आवाज में कहा, "लोग कहते हैं, किसी ने डिलिवरी के बाद बच्चा नर्सिंग होम में छोड़ दिया था। मैडम ने उसे अपने बच्चे की तरह पाला। फोटो देखो—कहीं से लगता है कि वह मैडम का बेटा नहीं है ? तीनों सगे भाई लगते हैं।"

ममता ने एक भरपूर नजर उस बच्चे की तसवीर पर डाली। सचमुच तीनों सगे भाई लग रहे थे। तीनों कितने खुश लग रहे थे, अब ममता को कोई शक नहीं रहा कि यही उसका बेटा है। पर अब कुछ हो भी नहीं सकता है।

ममता की तलाश तो पूरी हुई, पर जो सोचकर आई थी, वह नहीं हो सका। अब उसे इस बात का संतोष हो गया कि बच्चा सही जगह पर पल रहा है। उसका परिवार है, जहाँ उसे भरपूर प्यार मिल रहा है। बच्चा सलामत है तो वह सारी जिंदगी बाँझ कहलाने का दु:ख उठाने को तैयार है।

□

10

चमक हजार रुपए की

सुबह उठने पर देखा, रिमझिम बारिश हो रही थी। टिप-टिप की आवाज कानों में जैसे संगीत घोल रही हो। खुली खिड़की से यदा-कदा आती बौछारें तन के साथ मन को भी भिगो रही थीं। खिड़की के बाहर नीम के पेड़ की धुली हुई पत्तियाँ पहले से ज्यादा हरी और चमकदार लग रही थीं। पवन के झोंकों में शीतलता थी। गरमी से काफी राहत मिली। मौसम बड़ा सुहावना लग रहा था। मन को आलस ने घेर लिया। इच्छा हुई घर में बैठकर गरमागरम पकौड़ों और चाय के साथ बरसात का आनंद लिया जाए। पर मुझ जैसी कामकाजी महिलाओं के भाग्य में यह सुख कहाँ? वह भी एक महिला चिकित्सक के!

टिक-टिक की आवाज से दीवार घड़ी पर नजर गई, देखा कि सुबह के सात बजने को थे। बादल और बरसात से यह पता ही नहीं चला कि दिन निकल आया है। अभी तक कामवाली भी आई नहीं थी, वरना कॉलबेल की आवाज से नींद खुल गई होती। बरसात के कारण उसे भी न आने का बहाना मिल गया था। कैलेंडर पर नजर गई, बुधवार का दिन, अर्थात् मेरी इमरजेंसी ड्यूटी का दिन था। यह ध्यान आते ही मेरा प्रकृति-प्रेम छूमंतर हो गया। आलस की चादर छोड़ रसोई का रुख किया। चाय बनाकर पतिदेव को सोते से उठाया और जल्दी से चाय गटक, तैयार होने चल दी।

तैयार होते-होते खयाल आया कि कुछ-एक साल में कितना परिवर्तन हो गया है। पहले अस्पताल समय पर पहुँचने की कोई जल्दी नहीं रहती थी। सभी चिकित्सक आराम से दस-साढ़े दस बजे तक अस्पताल पहुँचते थे। रोगियों की संख्या भी बहुत कम हुआ करती थी। सामान्य प्रसव के लिए तो शायद ही कोई महिला अस्पताल आती हो। पर जब से प्रशासन चुस्त हुआ है, बदलाव साफ नजर आता है। सभी चिकित्सक समय पर अस्पताल पहुँच जाते हैं। अस्पताल आनेवाले रोगियों की संख्या में भी वृद्धि हुई है। मेरी कोशिश हमेशा यही रहती कि समय पर अस्पताल पहुँच जाऊँ, पर किसी कारणवश कभी देर हो भी गई तो किसी तरह का कोई तनाव नहीं होता था।

तैयार होकर अस्पताल जाने को निकली तब तक बारिश भी तेज हो गई थी। ड्राइवर अब तक आया नहीं था। कई बार फोन लगाया, पर फोन लगा ही नहीं, जिससे पता चलता कि उसे आने में कितनी देर लगेगी? इंतजार करने का समय नहीं था, ऐसे ही देर हो रही थी, अर्थात् आज इस बरसात में खुद से गाड़ी चलाकर अस्पताल जाना था। घर के सामनेवाली सड़क पर पानी भर गया था, जिसपर कचरे और पॉलीथिन तैर रहे थे। कुछ देर पहले प्रकृति का जो सौंदर्यबोध हुआ था, अब वह वितृष्णा में बदल गया।

गैराज से गाड़ी निकाल मैं अस्पताल के लिए चली। बरसात के मौसम में सड़क की स्थिति बहुत खराब हो जाती है। सड़क पर जल-जमाव के कारण यह कहना कठिन हो जाता है कि गड्ढे कहाँ-कहाँ हैं? सड़क चिर-परिचित थी, इसलिए अपनी स्मरणशक्ति पर जोर देते हुए इन गड्ढों से बचती-बचाती अस्पताल पहुँची। देखा कि वहाँ सिर्फ एक ही चिकित्सक पहुँचे हुए थे। दूर-दूर तक किसी रोगी का अता-पता न था। होता भी कैसे? बारिश दो दिनों से लगातार हो रही थी। जगह-जगह सड़कों पर जल-जमाव था। ऐसे में बहुत आवश्यक होने पर ही कोई घर से बाहर

निकलता। कोई रोगी न रहने के कारण बारह बजते-बजते डॉ. अशोक भी चले गए, तब तक बारिश कुछ हलकी हो गई थी। पर मुझे तो रुकना था, क्योंकि दो बजे तक मेरी इमरजेंसी ड्यूटी थी। सोचा, अगर कोई रोगी न आई, तो रिलिवर की प्रतीक्षा न कर दो बजे मैं भी चली जाऊँगी।

पर यह सोच बहुत देर तक टिकी न रह सकी, क्योंकि कुछ ही देर बाद मुझे अस्पताल गेट से एक रिक्शा आता दिखाई दिया, जिसपर शायद कोई महिला रोगी थी। निश्चित ही वह महिला प्रसव के लिए आ रही होगी। मैंने अनुमान लगाया, अगर उसका पहला प्रसव हुआ, तब तो मुझे देर तक रुकना पड़ सकता है, अन्यथा दूसरे-तीसरे प्रसव में तो बच्चा जल्दी हो जाता है। रोगी एवं चिकित्सक दोनों को जल्दी फुरसत मिल जाती है।

रोगी को रिक्शे से उतारा गया तो देखा, वह मध्यमवय की महिला थी। मन में संतोष हुआ कि प्रसव कार्य जल्दी ही संपन्न हो जाएगा, क्योंकि महिला की प्रसव-वेदना काफी तीव्र थी।

नर्स ने रोगी को 'लेबर-रूम' में लिटा दिया और मुझसे कहा कि मैं रोगी को देख लूँ। उसने भी उम्मीद जताई कि एक घंटे में सारा काम हो जाएगा और हम समय पर घर जा सकेंगे।

मैं रोगी के पास गई और नाम-पता पूछने के बाद कागजी कार्रवाई पूरी करने के क्रम में पूछा, "पहले से तुम्हारे कितने बच्चे हैं?"

"पाँच," रोगी ने सामान्य भाव से कहा।

"मतलब ये तुम्हारा छठवाँ बच्चा है।" मुझे बहुत आश्चर्य नहीं हुआ, क्योंकि इस तबके की महिलाओं में पाँच-छह बच्चे होना आम बात है।

"लड़के कितने और लड़कियाँ कितनी हैं?" आगे मैंने पूछा।

"एके गो लड़का है। बाकी सब लड़किये हैं।" बड़े अफसोस के साथ उसने कहा।

"एक लड़का तो है ही, फिर इतने बच्चे क्यों पैदा करती हो?"

"सास कहती हैं, लड़के का जोड़ा लगना चाहिए।"

"इस बार भी लड़की हो गई तो क्या फिर बच्चे पैदा करोगी?"

"ना, अब ना।" थोड़ा सकुचाते हुए कहा।

"अभी न कहती हो और घर जाते ही भूल जाती हो?" जैसा कि अकसर गर्भवती महिलाएँ प्रसव-पीड़ा के दौरान कहती हैं।

"भगवान् की इच्छा, हम क्या कर सकते हैं?"

"ऑपरेशन (बंध्याकरण) क्यों नहीं करा लेती हो?"

"मालिक (पति) तैयार हों तब न!"

"कष्ट तो तुम्हें ही झेलना होता है। प्रत्येक प्रसव में जान का खतरा होता है। कहीं तुम्हें कुछ हो गया तो तुम्हारे बच्चों की देखभाल कौन करेगा? कभी सोचा है? मर्द का क्या, वह तो दूसरी शादी कर लेगा।" मैंने समझाते हुए थोड़ा डराने की कोशिश भी की।

"इस बार ऑपरेशन करा लूँगी।" कुछ निश्चय-सा करती बोली।

मैं रोगी का परीक्षण करने लगी। रोगी में खून की कमी तो थी ही, जैसाकि ज्यादातर गरीब गर्भवती महिलाओं में होता है। शिशु का आकार थोड़ा बड़ा लगा, जैसा कि अकसर पाँचवें-छठे गर्भधारण में होता है। शिशु की धड़कन ठीक थी। प्रसवमार्ग का परीक्षण करने पर थोड़ा खटका-सा हुआ। सामान्य प्रसव होने की संभावना बहुत ही कम लगी। आवश्यक दवा-सूई दिलवाकर मैं इंतजार करने लगी। आधे घंटे बाद पुनः परीक्षण करने के बाद ही सही स्थिति का पता चल सकता था। रोगी से कुछ सवाल पूछने जरूरी थे।

"क्या सभी बच्चे अस्पताल में पैदा हुए?"

"नहीं···, पहला बच्चा एक प्राइवेट क्लीनिक में हुआ था, छोटा ऑपरेशन से। बाकी बच्चे तो घर पर ही हुए।"

"इस बरसात में, इस बार अस्पताल क्यों आई हो?"

"वो···, सरकार एक हजार रुपए देती है न, बच्चा होने पर।" कहते हुए उसकी आँखों में जो चमक आई, वह मुझसे छिपी नहीं थी। मुझे लगा, यह चमक उस हजार रुपए की है।

"तो तुम उस एक हजार रुपए के लिए आई हो?"

"हाँ···, वरना इस बरसात में बाहर कौन निकले!"

"तुम्हें पता है, सरकार पैसे क्यों देती है?"

"नहीं?" प्रश्नवाचक नजरों से वह मुझे देखती रही। उसे इससे कोई मतलब नहीं था कि सरकार पैसे क्यों देती है? उसे तो सिर्फ पैसे लेने से मतलब था।

"इस पैसे का करोगी क्या?"

"दशहरा में इस बार बच्चों के नए कपड़े खरीदूँगी।"

"सरकार इसके लिए तो पैसे देती नहीं है। सरकार पैसे इसलिए देती है कि जच्चा-बच्चा स्वस्थ रहें। तुम इस पैसे से फल, दूध, दवा, विटामिन इत्यादि खरीदकर खाओ, ताकि खून की कमी न हो, कमजोरी न हो।" मैंने उसे समझाने की कोशिश की।

"फल-दूध खाकर हम क्या करेंगे? बाल-बच्चा दशहरा में नया कपड़ा पहनेगा तो कितनी खुशी होगी।" उसकी आँखों में तैरते सपनों से खुशी छलक पड़ती थी।

"बच्चों को स्कूल भेजती हो?"

"इतना पैसा कहाँ है कि बच्चों को पढ़ा सकें?"

"सरकारी स्कूल में तो कोई फीस लगती नहीं है। स्कूल से सारी पुस्तकें भी मिलती हैं और दोपहर का खाना भी।"

"लड़का जाता है पढ़ने सरकारी स्कूल में।"

"और लड़कियाँ?"

"वे पढ़कर क्या करेंगी? चूल्हा-चौका ही तो करना है। वे घर का काम देखती हैं, छोटे बच्चे को देखती हैं तो मैं बाहर काम करने जा पाती हूँ। बड़ी होने पर शादी कर देना है।"

"शादी में खर्चा नहीं होगा क्या?"

"सरकार तो लड़कियों की शादी के लिए भी पैसे दे रही है।" उसने ऐसे कहा, जैसे मेरी जानकारी में वृद्धि कर रही हो।

उसकी बात सुन मैं अवाक् रह गई और सोचने लगी—सरकार की योजनाओं का क्या अर्थ निकाला जा रहा है? उसकी बातों से ऐसा लगा, जैसे सरकार बच्चों के जन्म को बढ़ावा देने के लिए पुरस्कार स्वरूप एक हजार रुपए दे रही है, जबकि सरकार का उद्देश्य है कि माताएँ प्रसव के लिए सरकारी अस्पताल आएँ, ताकि उनका सुरक्षित प्रसव हो सके तथा प्रसव के दौरान होनेवाली मातृ-शिशु मृत्यु दर को नियंत्रित किया जा सके। पर इस उद्देश्य की धज्जियाँ कैसे उड़ रही हैं? लड़के की चाह में जितनी लड़कियाँ पैदा हो जाएँ, सरकार लड़कियों की शादी के लिए पैसे देगी ही, जब सरकार बच्चे के जन्म पर हजार रुपए दे रही है, लड़कियों की शादी का जिम्मा उठा रही है, फिर चाहे जितने बच्चे पैदा हों, फिक्र की क्या बात है?

इस तरह तो गरीबों की संख्या बढ़ती ही जाएगी। सरकार को जननी-बाल सुरक्षा योजना के साथ ही सीमित परिवार रखने पर भी जोर देना चाहिए। अगर परिवार छोटा होगा, तो उनके खर्चे भी सीमित होंगे, निश्चित ही माता एवं बच्चे स्वस्थ होंगे। पर आज स्थिति यह है कि उच्च शिक्षाप्राप्त दंपतियों के एक या दो बच्चे हैं, जबकि इन्हीं के यहाँ काम करनेवाले दाई-नौकरों के पाँच-छह बच्चों से कम नहीं हैं। मेरी एकमात्र संतान बेटी ही है। बेटे के लिए मेरी सास ने मुझपर भी बहुत दबाव डाला था, पर हमारी दृढ़ इच्छा के सामने उन्हें झुकना पड़ा।

हमारे देश में जनसंख्या नियंत्रण तभी संभव होगा, जब सख्त कानून बनाए जाएँ। पर यह करेगा कौन? एक पूर्व प्रधानमंत्री को इस बात का अहसास था, पर उनकी दूरदर्शिता राजनीतिक कारणों की भेंट चढ़ गई। सरकार कम-से-कम इतना तो कर ही सकती है कि सरकारी

सुविधा का कोई भी लाभ सिर्फ दूसरे बच्चे तक ही मिले। यह नियम अगर लागू है भी, तो सिर्फ सरकारी सेवकों पर, गरीब अनपढ़ चाहे जितने बच्चे पैदा करें।

"मैडम! जल्दी आइए। मरीज का दर्द बहुत बढ़ गया है।" नर्स ने आवाज लगाई तो मेरा ध्यान टूटा।

रोगी का परीक्षण करते हुए मेरे चेहरे पर आई परेशानी देखकर नर्स घबरा गई।

"क्या हुआ मैडम? कोई दिक्कत है क्या?"

"हाँ···, इसे कहो, ज्यादा जोर न लगाए, नहीं तो बच्चेदानी फट सकती है। इसे नॉर्मल डिलीवरी नहीं हो सकती।" नर्स को आवश्यक निर्देश दे, मैं सोच में पड़ गई।

सामान्यतः लोग सोचते हैं कि चार-पाँच बच्चे नॉर्मल डिलीवरी से हो गए तो बाद का प्रसव भी नॉर्मल ही होगा, पर हमेशा ऐसा होता नहीं है। बार-बार के गर्भधारण से शरीर में कैल्शियम की कमी हो जाती है तथा कूल्हे की हड्डियाँ कमजोर हो सिकुड़ जाती हैं। पेट की मांसपेशियाँ ढीली पड़ जाती हैं। शिशु का आकार पहले की अपेक्षा थोड़ा बड़ा होता है। ऐसे में अगर प्रसव में असावधानी बरती जाए तो गर्भाशय फट सकता है तथा रोगी की मृत्यु तक हो सकती है।

मैंने रोगी को समझाया कि सामान्य प्रसव नहीं हो सकता, सिजेरियन ऑपरेशन करना पड़ेगा। वह बहुत दलीलें देती रही कि जब पहले सामान्य प्रसव से पाँच बच्चे हो गए, तब अब क्यों नहीं हो सकता? अब सिजेरियन की जरूरत क्यों? उसे लगा, मैं यूँ ही उसे टाल रही हूँ। पर सामान्य प्रसव संभव न था। बहुत बुझे मन से वह सिजेरियन के लिए तैयार हुई। पर इस छोटे सरकारी अस्पताल में बड़े ऑपरेशन की उचित व्यवस्था न थी। मैंने उसे बड़े सरकारी अस्पताल, अर्थात् मेडिकल कॉलेज अस्पताल जाने की सलाह दी, ताकि उसके ज्यादा पैसे खर्च न हों। उसे यह भी सलाह दी

कि साथ ही अपना बंध्याकरण ऑपरेशन भी करवा ले, ताकि भविष्य में और बच्चे न हों तथा जान का खतरा भी न रहे।

रोगी एवं उसके परिजन असमंजस में थे। इस बरसात में पंद्रह किलोमीटर दूर बड़े सरकारी अस्पताल जाने की परेशानी उठाएँ अथवा पास के ही किसी प्राइवेट क्लीनिक का खर्चा! प्राइवेट क्लीनिक में सरकारी पैसे नहीं मिलते और इस बरसात में मेडिकल कॉलेज अस्पताल जाने में बहुत पैसे खर्च हो जाते। रोगी और उसके परिजन जाने की तैयारी में थे। मैंने देखा कि बात करते समय रोगी की आँखों में जो चमक आई थी, वह बुझ चुकी है।

□

11

मिली

ऑफिस से जैसे ही घर पहुँची, टेलीफोन की घंटी घनघना उठी। मोबाइल के जमाने में लैंडलाइन पर फोन! किसका हो सकता है? अचानक ही किसी बुरी खबर की आशंका से मन काँप उठा। फोन ऐसे किसी व्यक्ति का होगा, जिसे मेरा मोबाइल नंबर मालूम न होगा। ऐसा कौन हो सकता हे? ऐसा ही कोई व्यक्ति होगा, जिससे बहुत दिनों से संपर्क न हुआ हो। पर कौन? लैंडलाइन से न तो मैं किसी से बात करती हूँ और न मेरे परिवार का कोई और सदस्य। लैंडलाइन पर फोन भी किसी का आता नहीं है। जिसको जिससे बात करनी होती है, वह उसके मोबाइल पर बात कर लेता है। कौन किससे बात कर रहा है, दूसरे को पता ही नहीं चलता। अब तो फोन भी पर्सनलाइज हो गया है। लैंडलाइन की उपयोगिता तो मात्र इंटरनेट कनेक्शन के लिए रह गई है।

"हैलो! कौन?" फोन उठाते हुए मैं वहीं सोफे पर बैठ गई।

"मम्मी!" एक क्षीण सी आवाज से मैं चौंक गई। आवाज पहचान में नहीं आ रही थी। लगता था रेलवे स्टेशन से फोन किया गया हो। बैकग्राउंड में लोगों का शोर सुनाई दे रहा था। बीच-बीच में ट्रेन के आगमन-प्रस्थान का एनाउंसमेंट भी सुनाई पड़ रहा था।

"कौन?"

"मम्मी! पहचाना नहीं, मैं मिली।"

"मिली? कैसी हो बेटा? कहाँ से बोल रही हो?" मिली की आवाज

सुन सुखद आश्चर्य हुआ। लगभग दो वर्ष बाद उसकी आवाज सुन रही थी, जब से उसने घर छोड़ा था।

"मम्मी! मगध एक्सप्रेस से कल मैं पटना पहुँच रही हूँ। अभी दिल्ली से बोल रही हूँ।" इतना कहकर उसने फोन रख दिया। उसकी आवाज से लग रहा था, जैसे वह बीमार हो और बहुत कमजोर हो गई हो। लग रहा था, जैसे हताशा में हो। उसे पाला है मैंने। उसकी मन:स्थिति समझ सकती हूँ मैं।

मैं ड्राइंगरूम के सोफे पर ही बैठी रह गई, जहाँ फोन रिसीव करने बैठी थी। उठकर अपने कमरे में जाने की इच्छा नहीं हुई। मेरी आँखों के सामने मिली की बचपन से लेकर किशोरावस्था तक की जिंदगी घूमने लगी। मिली मेरी बेटी तो नहीं, पर बेटी जैसी ही है।

लगभग तेरह-चौदह वर्ष पहले की बात है। मैं सपरिवार दिल्ली से पटना लौट रही थी। मेरे साथ पति, छह वर्ष की बेटी श्रेया एवं दस साल का बेटा शौर्य भी था। मुगलसराय जंक्शन पर ट्रेन काफी देर तक रुकी रही थी, जब ट्रेन चलने लगी, तब एक औरत अपने दो बच्चों के साथ हमारे डिब्बे में चढ़ गई। गोद का बच्चा लगभग साल भर का था और लगभग तीन साल की बेटी, जिसका हाथ पकड़ वह ट्रेन में चढ़ी थी। औरत बदहवास-सी थी। उसके कपड़े गंदे और अस्त-व्यस्त से थे।

वह ट्रेन की आरक्षित बोगी थी। ज्यादातर यात्री दिल्ली से सवार हुए थे। सभी यात्री अपनी-अपनी सीटों पर पसरे हुए थे। कोई भी बर्थ खाली नहीं थी। वह औरत ट्रेन के गेट से अंदर आकर नीचे फर्श पर ही बैठ गई।

कुछ ही देर में टिकट चेकर बोगी में आया। उसने उस औरत से टिकट दिखाने को कहा।

"टिकट तो मेरे पास नहीं है, मुन्नी के बापू के पास है।" उसने कहा।

"मुन्नी के बापू कहाँ हैं?" टी.टी. ने पूछा।

"लगता है वह दूसरी बोगी में चढ़ गए। स्टेशन पहुँचते-पहुँचते ट्रेन

खुल गई। हड़बड़ी में अलग-अलग बोगी में चढ़ गए।"

"ठीक है, अगले स्टेशन पर उतर जाना।" टी.टी. ने कहा। शायद वह दयालु था और उसने औरत की बात को सच मान लिया था अथवा वह औरत से अनावश्यक उलझना नहीं चाहता था। अकसर टी.टी. बेटिकट यात्रियों से जुरमाने के नाम पर मनमाना पैसा वसूल लेते हैं।

कुछ ही देर में गोद का बच्चा चिल्लाने लगा तो औरत ने उसका मुँह स्तन से लगा दिया। बच्ची इधर-उधर टुकुर-टुकुर ताक रही थी।

जब बेटी श्रेया अपना बिस्कुट का पैकेट खोलकर खाने लगी, तब मुन्नी ललचाई नजरों से देखने लगी। मैंने श्रेया से कहा कि वह कुछ बिस्कुट मुन्नी को दे दे। श्रेया ने जब बिस्कुट उसकी ओर बढ़ाए, तब झट उसने लपक लिये और खुश होकर खाने लगी।

अगला स्टेशन आने को था। उस औरत की गोद का बच्चा चिल्लाने लगा। औरत ने मेरी ओर मुखातिब होकर कहा, "दीदी, जरा बचवा को पानी पिलाकर लाते हैं, फिर मुन्नी को लेकर उसके बापू के पास चले जाएँगे, तब तक मुन्नी को यहीं बैठे रहने दीजिए।"

"ठीक है, पर जल्दी आ जाना।" मैंने हिदायत देते हुए कहा।

वह छोटे बच्चे के साथ ट्रेन से उतर गई। इस बीच श्रेया मुन्नी से बातें करने लगी। मैं दोनों की बचकानी बातें सुनती रही। इस दौरान वह औरत ट्रेन से उतरकर किधर गई, मुझे इसका ध्यान ही न रहा। ध्यान तो तब आया, जब ट्रेन चलने लगी और वह औरत लौटकर नहीं आई, अब मुझे चिंता होने लगी, क्योंकि मुन्नी हमारे साथ थी।

यात्रा के दौरान मैं किसी से ज्यादा बात नहीं करती, फिर वह औरत तो गरीब तबके की थी। वह कौन थी, कहाँ से आ रही थी, उसे कहाँ जाना था, कुछ भी तो मुझे नहीं मालूम। मुन्नी इतनी छोटी थी कि वह अपने नाम के अलावा कुछ भी बताने में असमर्थ थी। अपने गाँव-घर का पता तक उसे मालूम न था। श्रेया के साथ वह ऐसी घुल-मिल गई, जैसे लग रहा

था, वह हमारे ही साथ यात्रा कर रही हो।

हमारा स्टेशन आनेवाला था। रात भी हो चली थी, अब इस मुन्नी का क्या करें? मुझे चिंतित देख पति ने कहा, "चिंता क्यों करती हो? पटना पहुँचकर देखते हैं, क्या किया जा सकता है?"

"फिर भी, इसका करेंगे क्या?" पता नहीं क्यों मुझे मुन्नी की फिक्र होने लगी थी। ट्रेन पर छोड़कर तो जा नहीं सकते थे। पता नहीं मुन्नी किसके हाथ लग जाए? किसी गिरोह के हाथ लग जाएगी तो उससे भीख मँगवाई जाएगी या फिर कहीं बेच दिया जाएगा। सोचकर मेरी रूह काँप उठी।

"स्टेशन पर उतरकर पहले इसे रेलवे पुलिस को सौंप देंगे।" पति ने कहा तो मेरी चिंता कुछ कम हुई।

"फिर?"

"फिर क्या? पुलिस बच्चे के माँ-बाप का पता लगाकर उसे सौंप देगी।" पति की बात से मैं कुछ आश्वस्त हुई।

ट्रेन काफी देर तक आउटर सिग्नल पर खड़ी रही थी, जब तक हम ट्रेन से उतरे, रात के दस बज चुके थे। हमारे साथ सामान भी काफी था।

"तुम सब यहीं रुको। मैं मुन्नी को रेलवे पुलिस को सौंपकर आता हूँ।" ट्रेन से उतरने पर पति ने कहा और मुन्नी का हाथ पकड़ आगे बढ़ गए।

"जल्दी आना।" मैंने कहा।

क्योंकि ऐसे काम में देर लग सकती है। बच्चों के साथ मैं कब तक प्लेटफॉर्म पर खड़ी रहती? पर मुझे ज्यादा देर इंतजार नहीं करना पड़ा। दस मिनट बाद ही पति मुन्नी को लिये वापस आ गए।

"क्या हुआ?" मैंने पूछा।

"ओह! बहुत मुश्किल काम है। पुलिसवाले नियम-कानून की बात करते हैं। खुद तो नियम का पालन करते नहीं, दूसरे को कानून सिखाते हैं।"

झल्लाते हुए पति ने कहा, "ये मुसीबत कहाँ से आ गई? कहते हैं, बच्ची को अपने साथ ही रखो। जहाँ से बच्ची मिली, वहीं के पुलिस थाने में एफ.आई.आर. करो। चलो, अभी घर चलते हैं। सुबह देखेंगे, क्या कर सकते हैं।"

रात काफी हो गई थी। मुन्नी को लेकर हम घर आ गए। एक छोटी बच्ची को अनजान शहर में अकेला छोड़ने को न मन मानता था और न विवेक। अगले कई दिनों तक पति पुलिस थानों के चक्कर काटते रहे, पर बच्ची को रखने को कोई तैयार न हुआ।

पुलिसवाले कहते, जब तक मुन्नी के माता-पिता मिल नहीं जाते, मुन्नी को हम अपने पास ही रखें, जैसे ही उसके माता-पिता मिल जाएँगे, मुन्नी को उनके सुपुर्द कर दिया जाएगा।

हफ्ते, महीने बीत गए, पर मुन्नी के माता-पिता का कोई पता न चला, अब हमें विश्वास हो चला था कि मुन्नी को उसकी माँ ने जान-बूझकर ही ट्रेन में छोड़ दिया था। मुझे उसकी माँ पर गुस्सा आने लगा। अपनी बच्ची को खुद से अलग करते हुए क्या उसे दुःख न हुआ होगा? आखिर क्या मजबूरी थी उसकी? गरीबी या कुछ और? ये इतने बच्चे पैदा ही क्यों करते हैं, जिसकी देखभाल तक न कर सकें? पर सबसे बड़ा कारण तो उसका लड़की होना ही रहा होगा।

जब मुन्नी को नहला-धुलाकर श्रेया के कपड़े पहनाए तो उसकी सूरत ही बदल गई। धीरे-धीरे उसकी रंगत भी निखरने लगी। अच्छे खान-पान से उसके चेहरे पर चमक-सी आ गई। श्रेया को तो खेलने के लिए एक साथी मिल गया था, अब तक श्रेया ही घर में सबसे छोटी थी। मुन्नी के आने से उसे अपना रोब दिखाने का मौका मिल गया।

शुरू-शुरू में मुन्नी अपनी माँ के लिए रोती थी। पर जल्दी ही वह हमारे घर में एडज़स्ट हो गई। शायद लड़कियों का स्वभाव ही ऐसा होता है कि वे किसी भी परिवेश में अथवा किसी भी परिस्थिति में सामंजस्य

बैठा लेती हैं। बाल्यावस्था गीली मिट्टी की तरह होती है। उसे जिस साँचे में ढाला जाए, उसका आकार ले लेती है। मुन्नी भी हमारे घर में हमारे रहन-सहन के अनुसार ढलने लगी थी। इस बीच पति थाने के चक्कर लगाते रहे, पर कोई नतीजा नहीं निकला।

अब हमने भी मुन्नी को अपने घर का सदस्य मान लिया। उसका मासूम चेहरा, उसकी भोली बातें हमें अच्छी लगतीं। उसे पालना मेरे लिए कठिन नहीं था, क्योंकि पहले से मेरे दो बच्चे थे। देखनेवाले भी उसे हमारे घर का सदस्य ही समझने लगे थे। बस मुन्नी नाम थोड़ा देहाती-सा लगता। बहुत सोचने के बाद हमने उसका नाम 'मिली' रख दिया, क्योंकि वह हमें ट्रेन में मिली थी। धीरे-धीरे मुझे एवं परिवार के अन्य लोगों को भी उससे लगाव हो गया। लगने लगा कि यदि मुन्नी के माता-पिता उसे ले गए तो हमें अच्छा नहीं लगेगा। उसके जाने पर हमें दुःख होगा।

समय गुजरते जब एक वर्ष से ज्यादा हो गया, तब हमें कोई शक न रहा कि मुन्नी को जान-बूझकर ही उसकी माँ ने ट्रेन में छोड़ा था। अब पूर्ण विश्वास हो गया कि उसे लेने कोई नहीं आएगा। हम भी प्रयास कर थक चुके थे।

श्रेया की देखा-देखी मिली भी मुझे मम्मी बुलाने लगी। मैंने भी उसे कभी मना नहीं किया। जब मैं श्रेया को होमवर्क करवाती तो वह भी पास बैठ जाती, जब श्रेया पुस्तक खोल कोई कविता याद करती, या बोल-बोलकर पढ़ती, तब वह भी कोई पुस्तक उठा पढ़ने का अभिनय करती। यह सब देख हमें हँसी आ जाती। पढ़ने में उसकी रुचि देख पास के विद्यालय में उसका नामांकन करा दिया। स्कूल ड्रेस, स्कूल बैग और स्कूल शू पाकर वह बहुत खुश हुई।

मिली पढ़ने में बहुत होशियार तो नहीं थी, पर बुरी भी नहीं थी। खुद से हर क्लास पास करती चली गई। दरअसल, कामकाजी होने के कारण शौर्य एवं श्रेया की पढ़ाई देखने के बाद मिली की पढ़ाई देखना मेरे लिए

संभव न होता। मैंने मिली से कह दिया था कि यदि उसे पढ़ाई में कहीं कठिनाई हो तो मुझसे पूछ लिया करे। कभी-कभार वह गणित के सवाल पूछ लिया करती थी।

ऐसे ही दस-बारह वर्ष निकल गए। वह मुझे ही अपनी मम्मी एवं पति को पापा समझती रही। दसवीं बोर्ड की परीक्षा के लिए फॉर्म भरना था। उसने माता-पिता के नाम की जगह खाली छोड़ दी थी। मैंने उसे फॉर्म पूरी तरह भरने को कहा।

"दसवीं बोर्ड के फॉर्म में जो नाम और जन्मतिथि भरी जाती है, वही हमेशा के लिए रह जाती है?" मिली ने मुझसे पूछा।

"हाँ।" मैंने कहा।

"मेरी असली जन्मतिथि क्या है?"

"वही, जो तुम हमेशा लिखती आई हो। जब तुम्हारा जन्मदिन मनाया जाता है।" कहने को तो मैंने कह दिया, पर मन में किसी विस्फोट की आशंका होने लगी। हमारी कोशिश यही रहती कि कभी उसे ये न लगे कि वह हमारी बेटी नहीं है। पर मैं जानती थी, बड़ी होने पर जब कहीं से उसे पता चलेगा तो ऐसे सवाल कर सकती है।

"मम्मी। मुझे बहलाने की कोशिश मत करो। मुझे पता है कि मैं आपकी बेटी नहीं हूँ।"

"ये आज कैसी बातें कर रही हो? मुझे मम्मी भी कहती हो और यह भी कहती हो कि तुम मेरी बेटी नहीं हो? ऐसा कहीं होता है?"

"मम्मी! सच बताना; मैं किसकी बेटी हूँ? मेरे माता-पिता कौन हैं?" लगता है कि आज उसने सच जानने की ठान ली थी।

"बेटा! मैं ही तुम्हारी मम्मी हूँ।"

"सच बताना मम्मी, क्या मैं आपके पेट से पैदा हुई?"

"बेटा, पेट से पैदा होने से क्या होता है?"

"मतलब आप मेरी मम्मी नहीं हैं।"

"ऐसा मत बोल बेटा!"

"ऐसा ही है मम्मी! अब तो बता दीजिए, मेरे माता-पिता कौन हैं?"

"मुझे मालूम होता तो जरूर बताती।" कहते हुए मेरी आँखों में आँसू आ गए। पता नहीं क्यों? शायद मिली के पूछे सवालों के पीछे की बेबसी देखकर अथवा यह सोचकर कि मिली किस पीड़ा से गुजर रही है।

ट्रेन में उसके मिलने की कहानी मुझे बतानी पड़ी। इस दौरान मैं उसके चेहरे के भावों को पढ़ने की कोशिश करती रही। इतने वर्षों से वह हमारे साथ रह रही थी। उससे लगाव होना स्वाभाविक था। शौर्य एवं श्रेया के हॉस्टल चले जाने के बाद मिली का ही साथ था। मैं उसे किसी भी हाल में खोना नहीं चाहती थी।

"किस स्टेशन पर मेरी माँ ने मुझे छोड़ा था?" अचानक ही उसने पूछा।

"मुझे याद नहीं। इतने साल हो गए, यह सब जानकर तुम करोगी क्या?" मैंने टालना चाहा।

"देखना चाहती हूँ निष्ठुर माँ-बाप कैसे होते हैं, जो अपनी छोटी सी बच्ची को ऐसे छोड़ जाते हैं!"

"बेटा, ये सब भूल जा, अब तू हमारी बेटी है। हमारी ममता में कोई कमी है, जो तू इस तरह की बात सोच रही है? अभी तुम्हें दसवीं बोर्ड के इम्तिहान देने हैं। इस पर ध्यान लगा। अच्छे नंबरों से पास करेगी, तभी तो आगे कुछ बन पाएगी।"

मैं उसे भूत से वर्तमान में लाने की कोशिश करते हुए भविष्य के सपने की ओर ले जाना चाहती थी।

उस समय तो मिली ने ज्यादा कुछ कहा नहीं, पर उसके बाद वह कुछ बुझी-बुझी सी रहने लगी। उसका ध्यान पढ़ाई से उचट गया था। उसे देख मुझे अफसोस होता कि क्यों मैंने उसे ये सब बातें बताईं! पर कभी तो उसे बताना पड़ता ही। वैसे भी, किसी बाहरवाले ने ही उसे पहले से ये सब बताया था। एक सच को छुपाने के लिए उसपर झूठ का आवरण डालना मुझे उचित नहीं लगा।

एक सुबह मैं उठी तो मिली घर पर नहीं थी। सारा घर छान मारा, पर वह कहीं न मिली। उसके कमरे की तलाशी ली तो एक पुस्तक में अटकाकर रखा एक कागज दिखाई दिया। उसपर लिख था, "मम्मी-पापा! मुझे क्षमा कीजिए। मैं घर छोड़कर जा रही हूँ। मुझे खोजने की कोशिश मत कीजिएगा।" पढ़कर मैं रोने लगी।

"अभी ज्यादा दूर गई नहीं होगी? चलिए, ढूँढ़ते हैं।" मैंने पति से कहा।

हम रेलवे स्टेशन, बस स्टैंड तथा सभी संभावित जगह ढूँढ़ आए, पर मिली कहीं न मिली। उसके दोस्तों, अपने रिश्तेदारों के यहाँ पता किया, पर उसका कुछ पता नहीं चला। दो दिनों तक इंतजार करते रहे, कहीं वह खुद वापस आ जाए। पर तीसरे दिन उसके गुमशुदा होने की रिपोर्ट लिखवानी पड़ी।

मिली के बिना घर सूना-सूना सा लगने लगा। उसकी आदत जो हो गई थी। लगभग तेरह वर्षों से हमारे साथ थी। कभी-कभी मैं आशंकाओं से घिर जाती। किसी ने उसे बहला-फुसला लिया होगा। किशोरावस्था होती ही ऐसी है, तुरंत किसी पर विश्वास हो जाता है। भले-बुरे का ज्ञान तो होता नहीं है। ईश्वर से मैं यही प्रार्थना करती कि वह जहाँ भी रहे, सुरक्षित रहे। इतने वर्षों तक उसे सँभालकर रखा कि उसके साथ कुछ बुरा न हो।

समय बीतने के साथ उसके लौटने की संभावना भी क्षीण होती गई। मैंने भी मन में संतोष कर लिया कि मिली का साथ इतने ही दिनों का था।

पर आज अचानक दो वर्षों बाद मिली का फोन आया तो सहसा मुझे विश्वास न हुआ।

ऑफिस से लौटे पति ने जब मुझे सोफे पर बैठे देखा तो उन्हें बड़ा आश्चर्य हुआ।

"अरे! अभी तक सोफे पर बैठी हो? तुमने कपड़े भी नहीं बदले?"

"मिली का फोन आया था।" मैंने सीधे-सपाट लहजे में कहा।

"क्या? मिली का फोन! इतने दिनों बाद? क्या कह रही थी।" पति को भी थोड़ा आश्चर्य हुआ।

"कह रही थी, वह वापस आ रही है। कल मगध एक्सप्रेस से पहुँचेगी।"

"अच्छा! बाहर की ठोकर खाकर उसे सुबुद्धि तो आई।" पति को देखकर लग नहीं रहा था कि मिली के लौटने पर उन्हें कोई खुशी हुई हो। मैं ही उत्साह से बोली, "कल रविवार है। हम मिली को लेने स्टेशन जाएँगे।"

"ठीक है।" पति के सपाट ठंडे स्वर से भी मेरे उत्साह में कोई कमी नहीं आई।

दूसरे दिन सुबह उठकर मैंने मिली की पसंद की खीर बनाई। ट्रेन के आगमन का समय मालूम किया, फिर पति के साथ स्टेशन पहुँच गई।

मगध एक्सप्रेस के प्लेटफॉर्म पर पहुँचते ही मेरी निगाहें ट्रेन से उतरनेवालों में मिली को ढूँढ़ती रहीं। मुझे उसने यह तो बताया नहीं था कि वह किस बोगी में होगी। पर मेरा अंदाजा था कि वह जनरल बोगी में ही होगी। हम ऐसी जगह खड़े थे कि मिली किसी भी बोगी से उतरे, उसकी नजर हमपर पड़ ही जाएगी। कभी लगता, वह दौड़कर आएगी और 'मम्मी' कहकर मुझसे लिपट जाएगी। कभी मुझे यह भ्रम होता कि किसी ने मुझे 'मम्मी' कहकर पुकारा। मैं इधर-उधर देखती, पर मिली नजर नहीं आती।

एक-एक कर सभी यात्री ट्रेन से उतर चुके थे। मिली का कहीं अता-पता न था। मैंने पति से कहा, "चलिए, ट्रेन में ढूँढ़ते हैं।"

"इतनी लंबी ट्रेन है। किस-किस बोगी में ढूँढ़ोगी? मिली बच्ची नहीं है। चलो, अब घर लौटते हैं।" पति ठीक ही कह रहे थे। पर मेरी निगाहें अभी भी मिली को ढूँढ़ रही थीं।

"अब तो वापस चलो।" पति ने कहा।

"शायद तुम्हें ही फोन सुनने में कोई गलती हुई हो। मिली के लौटने की उम्मीद हो, इसलिए।"

मेरी बाँह पकड़ लगभग खींचते हुए पति ने कहा, "जरूर तुम्हें मतिभ्रम हुआ होगा। कोई फोन आया ही नहीं होगा। मन में सोच लिया मिली लौटकर आएगी, इसीलिए तुम्हें ऐसा लगा होगा। खामख्वाह मुझे परेशान किया और खुद भी परेशान हो रही हो। भूल जाओ कोई मिली थी भी।"

हम स्टेशन से वापस तो चल दिए, पर अभी भी मेरे कानों में फोन पर सुनी मिली की आवाज गूँज रही थी, "मम्मी! कल मैं पटना पहुँच रही हूँ।"

घर लौटते हुए मैं सोचने लगी। मिली को उम्मीद नहीं होगी कि हम उसे स्टेशन लेने जाएँगे। हो सकता है, घर जल्दी पहुँचना चाहती हो। कभी-कभी ट्रेन आउटर सिग्नल पर बहुत देर रुक जाती है। कहीं वह वहीं तो उतर न गई हो? हम जब घर पहुँचेंगे, वह घर के बाहर खड़ी मिलेगी। आशा की हलकी सी किरण मेरे मन में उभरी।

हम घर पहुँच तो गए पर मिली वहाँ भी नहीं थी। बड़ी निराशा हुई, अब मुझे भी यकीन होने लगा कि मैंने ही फोन पर कुछ गलत सुन लिया था। मिली के लौटने की आस थी, शायद इसलिए हर समय लगता कि वह आ रही है। मिली शायद अब कभी नहीं लौटेगी। भारी मन से मैंने यह स्वीकार कर लिया।

दूसरे दिन सुबह की चाय पीते समय अखबार के एक समाचार पर नजर अटक गई। शीर्षक था—'मगध एक्सप्रेस में युवती की लाश मिली।' आगे लिखा था—मगध एक्सप्रेस की जनरल बोगी की अपर बर्थ पर एक अज्ञात युवती की लाश मिली है। युवती की उम्र लगभग सोलह-सत्रह साल है। लगता है, लड़की बीमार थी। उसका चेहरा सफेद पड़ चुका था। लड़की के सामान में कोई ऐसी वस्तु नहीं मिली, जिससे उसकी पहचान हो सके। रेलवे यार्ड में सफाई करते समय सफाई कर्मचारी ने लाश को देखा।

"मिली!" अनायास ही मेरे मुँह से चीख निकल गई।

□

12

फर्क

नैंसी की नींद खुली तो कमरे में सुबह का उजाला पसरा हुआ था। बिछावन से उसे उठने की इच्छा नहीं हुई। शरीर का पोर-पोर दुख रहा था। इच्छा हुई, आँखें बंद कर फिर से सो जाए। कल ऑफिस से लौटने के बाद से ही उसकी यह हालत है। कल काम कुछ ज्यादा था। कंप्यूटर पर काम करते-करते कमर अकड़ गई थी। ऑफिस से लौटते ही वह बिछावन पर पड़ गई। कपड़े बदलने तक की शक्ति उसमें नहीं थी। मम्मी चाय के लिए उसे आवाज देती रही, जब वह नहीं उठी तो चाय लेकर उसके कमरे में आ गई—

"क्या बात है बेटा! तबीयत ठीक नहीं है क्या?" मम्मी का चिंतित होना स्वाभाविक था।

"बस...थोड़ी थकावट है।" बिछावन पर उठकर बैठते हुए नैंसी ने कहा।

"चाय पी लो, थकावट दूर हो जाएगी। पर तुम्हें देखकर लगता है, कुछ तकलीफ तो है जरूर।"

"जरा पेट में दर्द है और कमर में भी। थोड़ा आराम कर लूँगी तो सब ठीक हो जाएगा।"

"तुमने कोई दवा ली?"

"चाय पीकर लेती हूँ। तुम चिंता न करो।" चाय का घूँट लेते हुए

नैंसी ने कहा। साथ लाए स्नैक्स को उसने छुआ तक नहीं। कुछ भी खाने की इच्छा नहीं हो रही थी। बेड से सटे साइड टेबल की दराज से उसने कुछ दवाइयाँ निकालीं। दवा खाने के बाद उसने मम्मी से कहा, "अब तुम जाओ, मुझे आराम करना है। कमरे की बत्ती बुझाती जाना। यदि मैं सोती रही तो खाने के लिए उठाना मत।"

कमरे की बत्ती बुझाकर मम्मी चली गई, पर नैंसी को तुरंत नींद नहीं आई। बिछावन पर पड़ी-पड़ी सोचती रही—मम्मी को तकलीफ क्या बताऊँ, वैसे ही मम्मी उसकी वजह से परेशान रहती हैं। तकलीफ है भी तो औरतों की, हर महीनेवाली। पर पिछले महीने से तकलीफ कुछ ज्यादा ही हो गई है। पहले सिर्फ कमर में हलका दर्द रहता था, जिसके लिए दवा खाने की जरूरत नहीं पड़ती थी। आराम कर लेने भर से दर्द ठीक हो जाता था। पिछले महीने से पेट में भी दर्द रहने लगा और कमर का दर्द भी बढ़ गया। माहवारी दो सप्ताह पहले आ गई और रक्तस्राव भी ज्यादा होने लगा। लगता है, जैसे शरीर से सारा रक्त निचुड़ गया हो। कमजोरी इतनी कि शाम से सोती रही थी। रात उसने खाना भी नहीं खाया था, अब सुबह नींद इतनी देर से खुली।

बिछावन पर पड़े-पड़े नैंसी ने सोचा—आज ऑफिस से छुट्टी लेनी ही पड़ेगी। बिछावन से उठने तक की तो हिम्मत नहीं है, ऑफिस कैसे जाएगी? कल बॉस ने हिदायत दी थी कि वह ऑफिस समय पर आ जाए, बहुत जरूरी काम है। ऑफिस के सारे गोपनीय कार्य वही देखती है। बॉस ने कहा था, कुछ फॉर्म ऑनलाइन भरकर भेजने हैं, जिसकी आज अंतिम तारीख है। ये सारे काम नैंसी बखूबी करती है। आजतक उससे कभी गलती नहीं हुई। किसी और को इन सबके बारे में जानकारी तक नहीं है, इसलिए यह काम किसी और से कराया भी नहीं जा सकता। उसके बगैर ऑफिस का कंप्यूटर तक खुल नहीं सकता, क्योंकि पासवर्ड उसके बॉस तक को पता नहीं है। बहुत हिम्मत जुटाकर उसने उठने की

कोशिश की। बिछावन के किनारे आकर बैठ भी गई, पर जैसे ही खड़े होने की कोशिश की, आँखों के आगे अँधेरा छा गया और वह धम्म से बिछावन पर ही बैठ गई। आवाज सुन मम्मी दौड़ती हुई आई, शायद वह आसपास ही थीं।

"क्या बात है बेटा! ये आवाज कैसी थी?"

"कुछ नहीं मम्मी, बस थोड़ा चक्कर आ गया था।"

"चक्कर आ रहे हैं और इसे थोड़ा कहती हो? बिछावन पर लेट जाओ, आराम करो। आज ऑफिस न जाओ। हमेशा काम में लगी रहती हो। कभी खुद का भी खयाल रखा करो। ये काम छोड़ क्यों नहीं देती? क्या जरूरत है इतना काम करने की? भगवान् का दिया सबकुछ तो है हमारे पास।" कहते हुए मम्मी ने उसे ठीक से लिटा दिया और खुद चाय लेने चली गई।

नैंसी सोचने लगी—वह सिर्फ पैसे के लिए तो काम करती नहीं है, अगर काम न करे तो उसका अकेलापन दूर कैसे होगा? इसीलिए वह खुद को काम में ज्यादा-से-ज्यादा व्यस्त रखती।

तभी मोबाइल की घंटी बज उठी। बॉस का ही फोन था।

"नैंसी! कहाँ हो? मैंने कहा था, बहुत जरूरी काम है, समय पर आ जाना। फॉर्म जमा करने की आज आखिरी तारीख है।"

"सॉरी सर, आज मेरी तबीयत ठीक नहीं है। मैं आने की स्थिति में बिल्कुल भी नहीं हूँ, फिर भी अगर आने लायक हो जाऊँगी तो आकर काम कर लूँगी।" नैंसी ने कहा।

"ओह…! पर यदि आ सको तो आ जाओ। जरूरी काम कर चली जाना। डॉक्टर को दिखला क्यों नहीं लेती?"

"सॉरी सर, आने की स्थिति में होती तो जरूर आती।" नैंसी ने अफसोस प्रकट करते हुए कहा। बॉस जानते हैं कि नैंसी अपने काम के प्रति कितनी जिम्मेदार है, इसलिए उसके ऑफिस न आने के कारण पर अविश्वास नहीं कर सकते थे।

मम्मी तब तक ट्रे में चाय का कप और कुछ बिस्कुट लेकर आ गईं। नैंसी बिछावन पर ही उठकर बैठ गई। चाय का प्याला लिया और एक बिस्कुट उठाकर कुतरने लगी। मम्मी बगल में पड़ी कुरसी पर बैठ गईं।

"आखिर हुआ क्या है बेटा, कुछ बताती क्यों नहीं?"

"मम्मी, कुछ हो, तब तो बताऊँ न! कुछ हुआ ही नहीं है।"

"फिर भी, तबीयत क्यों खराब है?"

"कुछ खास नहीं। इस बार पीरियड्स समय से पहले आ गया। पेट में दर्द भी ज्यादा है और ब्लीडिंग भी ज्यादा हो रही है। घंटे-घंटे पैड बदलना पड़ रहा है। बहुत कमजोरी हो गई है।"

"ये तो सामान्य बात नहीं है। किसी अच्छी लेडी डॉक्टर को दिखला क्यों नहीं लेती?"

"अब दिखला लूँगी।" चाय खत्म कर वह फिर लेट गई।

"आराम करो। मैं तुम्हारे लिए सूप बनाकर लाती हूँ।" मम्मी ने कहा और उठकर चली गईं।

नैंसी बिछावन पर ही पड़ी रही, अब उसे नींद नहीं आ रही थी। उसे लगता, कितनी अकेली हो गई है वह! कितनी खुशहाल जिंदगी थी उसकी! प्यार करनेवाला पति, बेटा, बेटी। पर अभी तकलीफ की घड़ी में कोई भी उसके पास नहीं है।

नैंसी की जब शादी हुई थी तो उसके पति हर वक्त उसके इर्द-गिर्द मँडराया करते। वह है ही इतनी खूबसूरत! लंबा कद, तीखे नाक-नक्श, बेदाग गोरा रंग, काले चमकते लंबे बाल, जब भी उसके पति काम पर जाते, कहकर जाते, "अकेली बाहर मत निकलना। जरूरत पड़ी तो मैं ले चलूँगा।"

"लेकिन क्यों?" नैंसी शरारत से पूछती।

"कहीं कोई उड़ा ले गया तो बंदा तो बेमौत मारा जाएगा।"

शुरू–शुरू में नैंसी पति के प्रेम में अभिभूत हो जाती। बाद में उसे यह बंदिश–सा लगने लगा। लगता, उसकी आजादी में खलल पड़ रहा हो। पर जल्दी ही इस सोच को विस्तार देने से मुक्ति मिल गई।

पहले वह एक बेटे की माँ बनी, फिर तीन साल बाद एक बेटी की। बच्चों की परवरिश में वह कुछ इस तरह व्यस्त रही कि अपने बारे में कुछ सोचने की जरूरत ही नहीं रह गई। जिंदगी मजे में कट रही थी। किसी चीज की कमी नहीं थी, फिर भी यदा–कदा मायके की तुलना ससुराल से हो जाती। यही कभी–कभी तल्खी का कारण भी बनती, क्योंकि मायका, ससुराल से अपेक्षाकृत ज्यादा संपन्न था।

एक दिन नैंसी के पति ने कहा कि वह भी औरों की तरह दुबई काम करने जाना चाहता है। कुछ साल पैसे कमाकर लौट आएगा। बहुत से लोग ऐसा करते हैं। पहले तो नैंसी इसके लिए राजी नहीं हुई। पर जब उसके पति ने कहा कि कुछ ही सालों की तो बात है, पैसे होंगे तो बच्चों का भविष्य भी सुरक्षित हो जाएगा। कुछ ना–नुकुर के बाद नैंसी मान गई और उसके पति दुबई चले गए।

साल भर बाद दुबई से आए तो सबके लिए ढेर सारे गिफ्ट लेकर आए। नैंसी ने कहा भी कि फालतू में पैसा बरबाद करने से क्या फायदा? पैसे जमा रहेंगे तो बच्चों के काम आएँगे और दुबई में ज्यादा दिन रहने की जरूरत भी नहीं पड़ेगी।

महीने भर रहकर नैंसी के पति दुबई वापस चले गए। इस बार जाने के बाद धीरे–धीरे संपर्क कम होता गया। पूछने पर कहते, व्यस्त हूँ, ताकि कम समय में ज्यादा–से–ज्यादा पैसे कमा सकूँ, अंततः संपर्क टूट गया और नैंसी के पति दुबई के होकर रह गए।

बच्चे बड़े हो गए थे। नैंसी का खाली समय कटता नहीं था। इसलिए जब अवसर मिला, उसने नौकरी कर ली। वह मन लगाकर काम करती, इसलिए सबकी चहेती बन गई।

मम्मी गरमागरम सूप लेकर आ गईं। सूप पीकर उसे अच्छा लगा, शरीर में कुछ ऊर्जा का संचार हुआ।

काम पर लौटने के बाद नैंसी ने सोचा—डॉक्टर को दिखा ही लिया जाए, मम्मी ने हिदायत जो दी थी। डॉ. गुंजन भारती से उसका अच्छा परिचय हो गया था, इसलिए उसने उसे ही दिखाने की सोची। जब वह डॉ. गुंजन के बाह्य रोग विभाग के कमरे में पहुँची तो वह किसी मरीज को देख रही थी। नैंसी पास पड़ी कुरसी पर बैठ गई। पहली बार वह डॉ. गुंजन के कमरे में गई थी। कमरे के बाहर मरीजों की कतार थी, पर अंदर की हालत कुछ अच्छी नहीं थी। पुरानी सी टेबल थी, जिसके दराज का पल्ला टूटकर लटक रहा था। कुरसियाँ भी पुरानी सी थीं। किसी-किसी कुरसी के हत्थे टूटे हुए थे। कमरा बड़ा उमस भरा लगा। कमरे में एक पुराना सा विंडो ए.सी. लगा हुआ था। पता नहीं किस कंपनी का था? अब तो उस कंपनी ने ए.सी. बनाना बंद भी कर दिया होगा। उसने ए.सी. का स्विच ऑन करना चाहा, पर लगा, ए.सी. खराब था। वह चुपचाप कुरसी पर बैठी रही। उसे बड़ा अजीब सा लगा। कुछ महीने पहले जब उसे बुखार हो गया था, तब वह डॉ. रोहित राय को दिखाने गई थी मेडिसिन के बाह्य रोग विभाग में। उनका कमरा तो काफी सुसज्जित था। गोदरेज की टेबल, नई कुरसियाँ, स्प्लिट ए.सी., जिसकी कूलिंग पावर इतनी ज्यादा थी कि बुखार में ठंड से उसकी कँपकँपी छूट गई। एक ही अस्पताल में, एक स्तर के दो डॉक्टरों के कमरों में इतना अंतर क्यों?

डॉ. गुंजन मरीज को देख चुकने के बाद हाथ धो रही थी। नैंसी को बैठे देखा तो बड़ी आत्मीयता से पूछा, "अरे, कब आई? कैसी हो?" जैसे किसी दोस्त से बात कर रही हो।

"अब तो ओ.पी.डी. का समय समाप्त होने को है। मुझे लगा, अब तक आप सारे मरीज देख चुकी होंगी, इसीलिए अभी आई। पर लगता है,

बाहर काफी मरीज इंतजार कर रहे हैं, अगर आप व्यस्त हैं तो मैं किसी अन्य दिन आऊँ?"

"अरे बैठो तो सही। किसी काम से ही आई होगी? फुरसत तो तुम्हें भी होती नहीं है। रही बात मरीजों की भीड़ की, तो मुझे सप्ताह में सिर्फ एक दिन ओ.पी.डी. दिया गया है। वह भी शनिवार के दिन, जिस दिन अस्पताल आधा दिन ही खुला होता है। मैं जल्दबाजी में मरीज नहीं निपटाती, सबको समय देकर अच्छी तरह देखती हूँ।"

"वह तो दिख ही रहा है। आप प्रशासन से माँग क्यों नहीं करतीं कि सप्ताह में एक और दिन आपको ओ.पी.डी. का दिया जाए।"

"कई बार लिखकर दिया है, पर प्रशासन ध्यान दे तब न! मरीज के ऑपरेशन के लिए भी सप्ताह में आधा दिन ही दिया गया है, वह भी बारह बजे के बाद। इसके बाद पूछा जाता है कि आपने कितने मरीज देखे, कितने ऑपरेशन किए? अपना अचीवमेंट दिखाइए!"

"अन्य प्रसूति रोग विशेषज्ञों को तो सप्ताह में पूरे दो दिन का ओ.पी.डी. दिया गया है और दो दिन ऑपरेशन के भी।"

"हाँ। दिया तो गया ही है, अब सोचनेवाली बात ये है कि सप्ताह के पूरे दो दिन के ओ.पी.डी. के मरीज और पूरे दो दिन ऑपरेशन के अचीवमेंट की तुलना, आधे दिन के ओ.पी.डी. और आधे दिन के ऑपरेशन से कैसे की जा सकती है?"

"पर ऐसा क्यों है?"

"यही तो सोचनेवाली बात है।"

नैंसी को कुछ समझ में नहीं आया।

"खैर, बताओ कैसे आना हुआ?" मुद्दे पर आते हुए डॉ. गुंजन ने पूछा। हर बात, हर किसी को समझाई भी नहीं जा सकती।

"तकलीफ में हूँ, तभी तो आपके पास आई हूँ। माहवारी समय से पहले आ जाती है। पेट में दर्द रहता है। रक्तस्राव बहुत ज्यादा होता है

और ज्यादा दिनों तक रहता भी है।"

"मेरा खयाल है तुम फोर्टी प्लस होगी!"

"हाँ, अगले महीने चौवालीस की हो जाऊँगी।"

"पर लगती नहीं हो। खुद को बहुत अच्छी तरह से मेंटेन कर रखा है।"

"पर…ये परेशानी।"

"मेनोपॉज से पहले किसी-किसी को यह परेशानी होती है। यह बहुत सामान्य बात है। कुछ जाँच करानी होंगी, मैं लिख देती हूँ। अल्ट्रासाउंड भी कराना होगा। यदि गर्भाशय में कोई खराबी नहीं रही तो चिंता की कोई बात नहीं। मैं दवा लिख दूँगी, सब ठीक हो जाएगा।"

नैंसी संतुष्ट होकर चली गई। अल्ट्रासाउंड कराने पर गर्भाशय में किसी तरह की खराबी नजर नहीं आई। शरीर में खून की कमी थी। डॉ. गुंजन ने कुछ दवाइयाँ लिख दीं। कहा, "ये दवाइयाँ कम-से-कम तीन महीने तक लेनी हैं।"

नैंसी ने चैन की साँस ली, डॉक्टर ने ऑपरेशन के लिए नहीं कहा। उसे ऑपरेशन की सोचकर ही घबराहट होने लगती है। अगले महीने से ही नैंसी को फर्क महसूस होने लगा। बहुतों से सुना था—गुंजन अच्छी डॉक्टर है। अब देख भी लिया।

दोपहर का खाना नैंसी अपने ऑफिस के मित्रों के साथ ही खाती। उस दिन वह डॉ. गुंजन से मिलने चली गई तो कुछ देर हो गई। सबने लंच कर लिया था। नैंसी के पहुँचते ही प्रिया ने पूछा, "कहाँ चली गई थी? तुम्हारा इंतजार करते-करते हम सबने लंच कर भी लिया।"

"डॉ. गुंजन से कुछ सलाह लेनी थी। वहाँ गई तो बातों में समय का पता ही नहीं चला। वे कितने अपनेपन से बातें करती हैं।"

"डॉ. गुंजन भारती! उससे क्या सलाह लेनी थी?" प्रिया ने बुरा सा मुँह बनाया।

"मैं उनके ट्रीटमेंट में हूँ।" नैंसी ने कहा।

"क्यों? क्या कोई और डॉक्टर नहीं मिली इलाज कराने के लिए?"

"लेकिन, डॉ. गुंजन से इलाज कराने में क्या खराबी है?"

"तुम्हें पता भी है, वह रिजर्व कैटेगरी से है?" प्रिया ने कुछ इस तरह से कहा, जैसे कुछ रहस्योद्घाटन कर रही हो।

"तो क्या?"

नैंसी ने लापरवाही से कहा, "इससे क्या फर्क पड़ता है?"

"फर्क कैसे नहीं पड़ता, रिजर्व कैटेगरी के लोग पढ़ाई में कमजोर होते हैं। मेडिकल कॉलेज में इनका दाखिला भी कम नंबर पर हो जाता है। इस तरह वे सामान्य कैटेगरीवालों से कमतर तो हुए न!"

"मुझे नहीं लगता, क्योंकि मुझे डॉ. गुंजन के इलाज से फायदा तो हुआ ही है।" नैंसी ने असहमति जताई।

"तुम इलाज कितने दिनों से करा रही हो?"

"दो महीनों से।"

"दो महीनों से! तुम्हें नहीं लगता, ये काफी लंबा समय है? जमाना कितनी तेजी से बदल रहा है।"

"मुझे तो तीन महीने तक दवा खाने की सलाह डॉ. गुंजन ने दी है।"

"तीन महीने! ताकि तुम हमेशा दवा खाती रहो। ठीक रहने के लिए हमेशा दवाई पर आश्रित रहो। दवा खरीदती रहो, ताकि कमीशन डॉक्टर को मिलता रहे।"

"क्या बक रही हो!"

"बिल्कुल सही कह रही हूँ, वरना इन दवाईवालों की दुकान चलेगी कैसे?"

"तो क्या करूँ?"

"एक बार डॉ. अनुराधा सिन्हा को क्यों नहीं दिखला लेती? बहुत अच्छी डॉक्टर है वह। जनरल कैटेगरी से है। कहाँ से पढ़ाई की, मालूम है? विदेश से।"

"विदेश से?" नैंसी को अच्छा नहीं लगा, जब से उसके पति विदेश के होकर रह गए, उसे इस शब्द से नफरत-सी हो गई।

"हाँ! उसके पिता शहर के नामी सर्जन हैं। बहुत प्रैक्टिस है उनकी। इसीलिए तो बेटी को विदेश भेजकर पढ़ाया, ताकि उनका अस्पताल आगे भी चलता रहे। वह तो खानदानी डॉक्टर है।" नैंसी की प्रतिक्रिया से बेखबर प्रिया अपनी रौ में कहती रही।

"फिर वह यहाँ क्या कर रही है?"

"कुछ दिन यहाँ काम कर नाम कमा लेगी, फिर अपने पिता के अस्पताल में काम करेगी, वैसे भी यहाँ के वेतन से उसका क्या होगा?"

"मुझे मतलब सही इलाज से है। डॉक्टर कौन है और उसकी पढ़ाई कहाँ से हुई है, उससे नहीं।" नैंसी ने प्रतिरोध किया।

"ठीक है। तुम्हें डॉ. गुंजन का इलाज सही लगता है तो उसी से इलाज कराओ। सेकेंड ओपीनियन लेने में हर्ज क्या है? मैं तो तुम्हारे भले के लिए कह रही थी।" हथियार डालती-सी प्रिया ने कहा।

"ठीक है, तू कहती है तो दिखला लूँगी डॉ. अनुराधा को भी।"

कुछ दिनों बाद प्रिया ने नैंसी से फिर पूछा, "तुमने डॉ. अनुराधा को दिखलाया या नहीं?"

"हाँ! दिखलाया तो है।"

"क्या कहा उसने?"

"ऑपरेशन कराने को कहा है।"

"तो क्या हुआ, ऑपरेशन करा ले।"

"ऑपरेशन से डर लगता है।"

"क्या बच्चों जैसी बातें करती हो? रोज कितने ही मरीजों के ऑपरेशन होते हैं। इसमें डरने जैसी क्या बात हुई?"

"यदि मुझे कुछ हो गया, तो बच्चों का क्या होगा? वे तो बिल्कुल अनाथ हो जाएँगे।"

"पागल लड़की! जितने ऑपरेशन होते हैं, उसमें सब-के-सब मर ही जाते हैं क्या? तब तो ऑपरेशन करना बंद कर देना चाहिए।"

"नहीं, फिर भी...जब मुझे दवा से फायदा हो रहा है तो ऑपरेशन क्यों करवाना?"

"तू समझती नहीं है। ऑपरेशन कराएगी तो एक बार में ठीक हो जाएगी। दवा तो जिंदगी भर खानी पड़ेगी। सोच लो!"

"सोचती हूँ।"

प्रिया की बातों में आकर नैंसी ने ऑपरेशन कराने का मन बना लिया। एक दिन डॉ. अनुराधा से ऑपरेशन करा ही लिया। ऑपरेशन में नियत समय से कुछ ज्यादा ही लग गया। पता चला, ऑपरेशन के दौरान कुछ दिक्कत हो गई थी और किसी सीनियर एक्सपर्ट सर्जन को बुलाना पड़ा। तीन यूनिट खून चढ़ाने की जरूरत भी पड़ी।

एहतियात के तौर पर नैंसी को सर्जिकल आई.सी.यू. में रखा गया, ताकि अच्छी तरह उसकी देखभाल हो सके। पर इन सबके बावजूद तीसरे दिन नैंसी की हालत बिगड़ने लगी। डॉक्टरों की टीम के प्रयास के बावजूद नैंसी को बचाया नहीं जा सका।

जिसने भी यह बात सुनी, उसे बड़ा आश्चर्य हुआ। देखते-ही-देखते लोगों का हुजूम आई.सी.यू. की ओर बढ़ चला। इससे पता चलता था कि सबके बीच नैंसी कितनी लोकप्रिय थी!

डॉ. गुंजन को पता चला तो वह सकते में आ गई। उसे तो पता ही नहीं था कि कब नैंसी ने उसे बिना बताए ऑपरेशन करा लिया? उसे समझ में नहीं आ रहा था कि जब नैंसी उसके इलाज में थी और इलाज से उसे फायदा हो रहा था, फिर अचानक किसी और से ऑपरेशन क्यों करा लिया? ऑपरेशन की जरूरत तो उसे थी ही नहीं।

□

13

बराबरी

आज अस्पताल जाने में फिर देर हो गई। सुबह का समय उठने से लेकर अस्पताल जाने तक का बहुत ही कैलकुलेटेड होता है। इसमें जरा सा भी विघ्न पड़ने पर अस्पताल जाने में देर हो जाती है। आज सुबह-सुबह ही एक रिश्तेदार घर पर मिलने चले आए, जिन्हें अस्पताल में दिखाना था। सबको कितनी बार कहा है कि अस्पताल के काम के लिए अस्पताल में ही मिलें, पर कुछ रिश्तेदार ऐसे होते हैं, जो सिर्फ अपनी सुविधा देखते हैं। उनके लिए हमारी असुविधा का कोई खयाल नहीं रहता और न ही हमारे समय का कोई मूल्य होता है। वे अधिकारपूर्वक हमारे समय का हरण कर लेते हैं।

कार पार्किंग में लगाकर मैं जल्दी-जल्दी अपने विभाग की ओर जाने लगी। विभाग जाने के लिए एक गलियारे को पार करना पड़ता है, जिसके दूसरे छोर पर 'टी' आकार का दूसरा गलियारा शुरू होता है। गलियारे के छोर तक पहुँचते हुए मैं बिल्कुल बाईं ओर चली गई। मेरे कदम स्वतः ही धीमे हो गए, क्योंकि दूसरी ओर से आता हुआ व्यक्ति दिखाई नहीं देता और अकसर ही टक्कर हो जाने की संभावना बनी रहती है। मैं जैसे ही दूसरे छोर पर पहुँची, दूसरी ओर से तेजी से आता निखिल मुझसे टकराते-टकराते बचा। उसके हाथ स्वतः अभिवादन में जुड़ गए और मैंने भी सिर झुकाकर उसका अभिवादन स्वीकार कर लिया। यह

अभिवादन की प्रक्रिया है तो बहुत ही सहज एवं साधारण। प्रतिदिन अपने विभाग तक पहुँचने के क्रम में कितने ही जूनियर डॉक्टर एवं कर्मचारी मिलते हैं, जिनके अभिवादन का उत्तर देते हुए मैं विभाग पहुँचती हूँ। पर निखिल की बात कुछ और है, निखिल प्रयोगशाला टेक्नीशियन है, पर वह कभी अपने सीनियर डॉक्टर, जिसके मातहत काम करता है, तक को अभिवादन नहीं करता। मुझे शुरू-शुरू में बड़ा अजीब सा लगता था, क्योंकि तब लगता कि वह सिर्फ मेरा अभिवादन नहीं करता है। पता नहीं इसके पीछे उसकी क्या मानसिकता थी अथवा किस बात का उसे अभिमान था? बड़ों को अभिवादन करना तो सामान्य शिष्टाचार होता है। बाद में पता चला, वह किसी को भी अभिवादन नहीं करता। आज जब उसके हाथ स्वतः अभिवादन को जुड़ गए तो लगा, कोई बात तो होगी, जो उसे अभिवादन करने से रोकती है। कुछ लोग अभिवादन करने को चमचागीरी से जोड़कर देखते हैं। कुछ लोग अभिवादन चमचागीरी के लिए ही करते हैं। ये ऐसे लोग होते हैं, जो अपना काम सही तरीके से नहीं करते, कामचोर होते हैं। अपनी गलती पर परदा डालने के लिए चमचागीरी करते हैं। ये लोग दिन में जितनी बार मिलते हैं, उतनी बार अभिवादन करते हैं, जबकि सामान्यतः दिन में पहली बार मिलने पर अभिवादन करना काफी होता है।

निखिल अपने सिद्धांत का पक्का है और इससे वह किसी तरह का समझौता नहीं कर सकता। इसलिए कुछ लोग उसे अक्खड़ भी कहते हैं। उस दिन की ही बात है, वह विभागाध्यक्ष से ही उलझ गया। बात यह थी कि जिस किट से निखिल को जाँच करनी थी, उसी दिन उस किट की एक्सपायरी डेट थी। वह अड़ गया कि इस किट से वह जाँच नहीं कर सकता। वहीं विभागाध्यक्ष का कहना था कि हर किट का अपना इंटरनल क्वालिटी कंट्रोल होता है। वह जब तक सही रिजल्ट दे रहा है, तब तक उस किट से जाँच की जा सकती है। वैसे भी एक-दो दिन की एक्सपायरी

से फर्क ही क्या पड़ता है? पर निखिल अपनी बात पर अड़ा रहा कि वह एक्सपायर्ड किट से जाँच नहीं करेगा। अंत में विभागाध्यक्ष ने मुझे निखिल को समझाने को कहा, क्योंकि निखिल जिस सेक्शन में काम कर रहा था, उसकी इंचार्ज मैं ही थी।

मैंने निखिल को अपने ऑफिस चैंबर में बुलवाया और समझाते हुए कहा, "एक ही दिन की तो एक्सपायरी है, फिर जब तक कंट्रोल सही रिजल्ट दे रहा है, तब तक उस किट से जाँच करने में कोई हर्ज नहीं है। एक दिन ज्यादा हो जाने से किट खराब नहीं हो जाती अथवा रिजल्ट गलत नहीं हो जाता।"

"बात एक दिन की नहीं है मैडम! आखिर किट पर एक्सपायरी डेट क्यों लिखी रहती है? बात सिद्धांत की है। मैं आज एक दिन एक्सपायर्ड किट से जाँच कर लूँ, फिर मुझ पर दबाव होगा कि एक महीने की एक्सपायर्ड किट से जाँच करूँ, फिर एक साल की; आखिर एक्सपायरी डेट होती क्यों है?"

"जो भी हो, तुम्हे विभागाध्यक्ष की बात मान लेनी चाहिए। वह कह रहे हैं तो कुछ तो इसमें सच्चाई होगी ही। उनका अपना अनुभव भी तो होगा, फिर रिपोर्ट में कहीं कोई कंट्रोवर्सी हुई तो उत्तरदायित्व भी तो विभागाध्यक्ष का ही होगा, आपका नहीं।"

"मैं यह सब नहीं मानता। हर व्यक्ति अपने काम के लिए उत्तरदायी होता है। जो गलत है, सो गलत है और मैं गलत काम नहीं कर सकता और न इसका समर्थन कर सकता हूँ।"

"उन्होंने कहा तो है कि नई किट मँगवा देंगे, तब तक इस किट का इस्तेमाल किया जा सकता है। रोगियों के काफी सैंपल जमा हो गए हैं। उन रोगियों को जाँच की रिपोर्ट के लिए प्रतीक्षा करनी पड़ेगी।"

"गलत रिपोर्ट देने से तो अच्छा है रोगी को प्रतीक्षा करनी पड़े।"

"गलत रिपोर्ट की बात कहाँ से आई? रिपोर्ट सही होने की बात

कर रही हूँ। जाँच कर देखने से ही तो पता चलेगा न कि जाँच सही है या नहीं? रोगियों को प्रतीक्षा करनी पड़ेगी तो उनके इलाज में भी तो देरी होगी। जरा उन रोगियों के लिए भी तो सोचिए।"

"रोगियों की सोचकर ही तो जाँच नहीं कर रहा हूँ एक्स्पायर्ड किट से। रिपोर्ट सही नहीं आएगी तो रोगी का इलाज भी सही नहीं होगा।"

"आपको विभागाध्यक्ष को पहले सूचित कर देना चाहिए था, ताकि किट समय पर आ जाती।"

"आपको क्या लगता है कि मैंने सूचित नहीं किया? मैं आवेदन-पत्र लाकर दिखलाता हूँ। लगभग एक महीने पहले मैंने किट के रिप्लेसमेंट के लिए आवेदन किया था। उसके दो सप्ताह बाद रिमाइंडर भी दिया। पर कुछ हुआ नहीं, और होगा भी नहीं।"

"हो सकता है, एक-दो दिन में किट आ जाए, तब तक रोगियों के हित का ध्यान रखते हुए जाँच की जा सकती है, जब तक इंटरनल कंट्रोल सही रिपोर्ट दे रहा है।"

"एक-दो दिन में किट आ जाए, तो कोई बात नहीं। मुझे तो इस किट से जाँच करने को मजबूर किया जा रहा है।"

"आखिर क्यों?"

"आप बहुत भोली हैं मैडम! यहाँ के लिए नई भी। मुझसे मेरा मुँह न खुलवाइए।"

"आखिर बात क्या है?" निखिल की बातें मेरी समझ से परे थीं। मुझे इस संस्थान में काम करते हुए कुछ महीने ही हुए थे।

"कोई भी किट विभागाध्यक्ष के अनुमोदन के बाद ही आती है। किट के सप्लायर से विभागाध्यक्ष की मिलीभगत होती है।"

"हाँ, कमीशन लेना-देना तो हर बिजनेस में होता ही है।"

"यह सिर्फ कमीशन की बात नहीं है मैडम!"

"फिर क्या है?"

"भ्रष्टाचार।"

"वह कैसे?"

"दरअसल, जान-बूझकर शॉर्ट एक्सपायरीवाली किट खरीदी जाती है। ये किट आधे दामों में बिकती हैं।"

"पर इसमें भ्रष्टाचार कहाँ से आया? यह तो अच्छी बात है। संस्थान का पैसा भी बचता है और किट भी इस्तेमाल हो जाती है, वरना किट तो बेकार बरबाद हो जाती, फिर किट तो संस्थान के द्वारा खरीदी जाती है। इससे विभागाध्यक्ष को क्या लाभ?"

"लाभ-ही-लाभ है मैडम! इसे ऐसे समझिए कि एक किट लगभग आठ हजार की आती है। इस किट को चार हजार में खरीदा जाता है, तो फायदा कितने का हुआ? चार हजार का। ऐसी सौ किट खरीदी जाती हैं, तो फायदा कितने का हुआ? चार लाख का। सप्लायर्स संस्थान को जो बिल देता है, उसमें किट के पूरे दाम होते हैं। तो आधे पैसे गए कहाँ?"

"मैं यह सब नहीं जानती और जानना भी नहीं चाहती। मैं तो सिर्फ इतना जानती हूँ कि यदि किट से सही रिजल्ट आ रहा हो तो जाँच की जा सकती है। कभी-कभी किट एक्सपायर्ड नहीं होती, तब भी सही रिजल्ट नहीं देती, तब हम उसको वापस कर दूसरी मँगाते हैं। उस किट से जाँच नहीं करते हैं।"

"आपकी बात भी ठीक है। पर मैं एक्सपायर्ड किट से जाँच नहीं करूँगा, यह तो एक तरह से भ्रष्टाचार में शामिल होना हुआ और इसे बढ़ावा देना हुआ। मैं भ्रष्टाचार में शामिल नहीं हो सकता।"

निखिल के दृढ़ निश्चय के सामने मैं अवश थी। निखिल को समझाने में मैं असमर्थ रही थी। निखिल की बातें सही थीं, पर सिर्फ सैद्धांतिक रूप से। प्रायोगिक तौर पर बहुत सी बातों का ध्यान रखते हुए निर्णय लेना पड़ता है। मैं निखिल का समर्थन प्रत्यक्ष रूप से नहीं कर सकती थी। संस्थान में मैं नई थी। मैं भी अपना काम पूरी ईमानदारी और

समर्पण के साथ करती हूँ, पर कभी-कभी इस तरह की दुविधा आ जाती है। मन में दुविधा हो तो 'बॉस इज ऑलवेज राइट' का फॉर्मूला अपनाना सुविधाजनक विकल्प होता है। मैं मन-ही-मन निखिल की हिम्मत से खुश थी। सोचती—दुनिया में कुछ तो लोग ऐसे हैं, जो गलत बातों का विरोध करने की हिम्मत रखते हैं! यह ऐसे ही लोग होते हैं, जो खुद गलत नहीं होते। कुछ लोग जानते-बूझते गलत नहीं करना चाहते, पर उन पर अपने अधिकारियों का इतना दबाव होता है कि वह मजबूर हो जाते हैं।

मैं सुनी-सुनाई बातों पर विश्वास नहीं करती। निखिल की बातों में कितनी सच्चाई है, उसमें मुझे शक है। विभाग का जो अध्यक्ष होता है, उसके बहुत सारे अधिकार होते हैं। कुछ लोग ये सोचते हैं कि विभाग के लिए वस्तुओं की खरीद में वे भरपूर मुनाफा कमाते हैं। इस तरह की बातें तृतीय एवं चतुर्थ वर्गीय कर्मचारी अकसर ही करते हैं। यह सच हो भी सकता है, पर इससे रोगियों के सैंपल की जाँच में कोई फर्क आनी नहीं चाहिए। कुछ लोगों को इस तरह की अफवाह उड़ाने में बहुत संतोष मिलता है।

मैंने अपनी तरफ से निखिल को समझाने की बहुत कोशिश की, पर सफल नहीं हो पाई। शायद यह बात विभागाध्यक्ष अच्छी तरह जानते थे कि निखिल किसी की नहीं सुनता, इसीलिए खुद माथापच्ची न कर मुझे समझाने को कह दिया। निखिल ने एक दिन के एक्स्पायर्ड किट से जाँच करने से साफ इनकार कर दिया। नतीजा यह हुआ कि विभाग में रोगियों के सैंपल तो आते रहे, पर जाँच न होने की वजह से समय पर रोगियों को रिपोर्ट नहीं मिल सके। विभागाध्यक्ष पर अस्पताल के निदेशक का दबाव पड़ने लगा कि रोगियों की जाँच रिपोर्ट समय पर निकाला जाए। अंततः विभागाध्यक्ष ने निखिल को दूसरे सेक्शन में ट्रॉसफर कर दिया। जैसाकि अकसर बात न मानने पर किया जाता है। अब मेरे सेक्शन में निखिल की जगह विजय था।

विजय ने बताया, "निखिल अपने अक्खड़पन के कारण हर जगह मार खा जाता है। अपने विभागाध्यक्ष की बात उसे मान लेनी चाहिए।"

"वह इतना अक्खड़ क्यों है?" मैं भी यह बात जानना चाहती थी।

"दरअसल निखिल डॉक्टर बनना चाहता था। वह तेज विद्यार्थी भी था। प्रतियोगिता परीक्षा में मेरिट लिस्ट से उसके ठीक ऊपर तक के विद्यार्थी का एडमिशन मेडिकल कॉलेज में हो गया। वेटिंग लिस्ट में उसका नाम सबसे ऊपर था। कुछ दिन तक तो वह इस उम्मीद में रहा कि कहीं कोई जगह खाली रह गई हो तो वेटिंग लिस्ट से उसका एडमिशन तो हो ही जाएगा। पर किस्मत की बात है, उसका एडमिशन नहीं हो पाया। तभी से वह एक तरह से गुस्से में रहता। उसने प्रयोगशाला तकनीशियन का कोर्स किया और तकनीशियन बन गया। पर खुद को डॉक्टर के बराबर ही समझता है।"

मुझे निखिल के बारे में सुनकर अफसोस हुआ, पर किसी-न-किसी के साथ तो यह होना ही होता है। दूसरे सेक्शन में जाने के बाद निखिल कम ही नजर आता, क्योंकि जिस भी सेक्शन में वह काम करता, बड़े मनोयोग से करता। एक दिन वह मेरे ऑफिस चेंबर में आया और कहने लगा, "मेरी पत्नी बीमार है। जरा दवा लिख दीजिए!"

"आप अस्पताल में काम करते हैं। जाकर किसी फिजिशियन को दिखला लीजिए।" मैंने कहा।

"फिजिशियन को दिखलाने में बहुत समय लग जाता है, मैडम! पहले रजिस्ट्रेशन कराओ फिर लाइन में लगो। दिखाने के बाद जाँच कराओ, तब कहीं जाकर दवा लिखा जाएगा। इसमें कम-से-कम दो दिन तो लग ही जाएँगे। पत्नी अकेले दिखलाने तो आएँगी नहीं। साथ में मुझ जाना होगा, तो यहाँ विभाग के काम का नुकसान होगा।"

मुझे निखिल कुछ अलग तरह का ही व्यक्ति लगता। वह काम नुकसान होने की सोचता है। यहाँ तो कई ऐसे कर्मचारी हैं, जो अकसर

रोगी दिखाने के बहाने कई-कई घंटे अपने कार्य-स्थल से गायब रहते हैं। यह है कि कहता है, पत्नी को दिखलाने में काम का नुकसान होगा। पत्नी को मामूली सरदी-बुखार था। मैंने दवा लिखकर दे दिया और वह ठीक भी हो गई। फिर तो अकसर ही निखिल कभी पत्नी तो कभी बेटी के लिए मुझसे दवा लिखवा कर ले जाता। एक दिन वह बेटी के लिए कुछ दवा लिखवाने आया। मैंने तकलीफ पूछकर दवा लिख दी। पर वह गया नहीं, कहने लगा, "बेटी ने खाना-पीना छोड़ दिया है।"

"पर आखिर क्यों?" मैंने पूछा।

"मेरा बड़ा बेटा इंजीनियरिंग कर रहा है। चार सेमेस्टर उसके पूरे हो चुके हैं। मेरी बेटी चाहती है कि उसे भी इंजीनियरिंग कॉलेज में भाई की तरह दाखिला दिलवा दूँ।"

"तो दिलवा दीजिए न। बेटी पढ़ना चाहती है, यह तो अच्छी बात है। वैसे भी बेटे-बेटी में फर्क नहीं करना चाहिए।"

"इच्छा तो मेरी भी है, पर मेरी आर्थिक स्थिति ऐसी नहीं है। बड़े बेटे को प्राइवेट कॉलेज में दाखिला दिलवाया। डोनेशन में लाखों रुपए लगे। हर सेमेस्टर की फीस भी हमारे लिए बहुत ज्यादा है। बैंक से लोन भी लिया है, जिसकी किस्त चुकानी अभी बाकी है। अभी उसकी दो साल की पढ़ाई बाकी है। फिर बेटी को मैं कैसे प्राइवेट कॉलेज में पढ़ा पाऊँगा! उससे छोटे भी दो और भाई-बहन हैं। उनकी पढ़ाई भी तो देखनी है। कमाने वाला मैं अकेला हूँ। पत्नी गृहिणी है। सोचा था—बड़ा बेटा अच्छी तरह पढ़-लिख जाएगा, उसे अच्छी नौकरी मिल जाएगी तो कुछ आर्थिक मदद भी हो जाएगी। इसीलिए उसे प्राइवेट इंजीनियरिंग कॉलेज में भेजा।"

निखिल ऐसे कह रहा था, जैसे बेटे में इन्वेस्ट किया हो, जिसका रिटर्न कुछ सालों बाद मिलेगा। पर वह भूल गया कि हर इन्वेस्टमेंट में रिस्क भी होता है।

"हर बच्चे पर ध्यान तो बराबर रूप से देना चाहिए। हर बच्चे का अधिकार बराबर है। बेटी का नाराज होना स्वाभाविक है।" मैंने बेटी का पक्ष लेते हुए कहा।

"हमारी आर्थिक स्थिति ऐसी नहीं है, इसलिए बेटे-बेटी में थोड़ा फर्क करना पड़ता है। वरना मैं चाहता तो यही हूँ कि बेटा और बेटी को समान रूप से शिक्षा दिला सकूँ।"

"पर आपकी बेटी की समस्या की तो कोई दवा नहीं होती। प्यार से समझाना ही इस समस्या का हल है।"

मैं सोचने लगी—निखिल इतना ईमानदार है। इस संस्थान में काम करने वाले डॉक्टर अथवा कर्मचारी को प्राइवेट प्रैक्टिस करने की इजाजत नहीं है। पर कई लोग चोरी-छिपे यह काम करते हैं। कितने प्रयोगशाला तकनीशियन हैं, जो किसी और के नाम पर अपना लेबोरेटरी चलाते हैं। वे न सिर्फ लैब चलाते हैं, बल्कि मौका मिलने पर संस्थान के लैब से किट अथवा अन्य सामान गायब भी कर देते हैं। पर रँगे हाथों पकड़े नहीं जाने के कारण सिर्फ शक के आधार पर किसी पर कोई कार्रवाई नहीं हो पाती है। ऐसे लोग प्राइवेट लैब में गलत-सही जाँच कर काफी पैसे कमा लेते हैं। पर वह यह सब नहीं करता।

"बेटी को अपनी आर्थिक स्थिति बतलाइए। उसका हौसला बढ़ाइए। यदि वह सचमुच इंजीनियरिंग की पढ़ाई करनी चाहती है, तो मेहनत से पढ़ाई करे। कंपीटिशन की तैयारी करे। सरकारी कॉलेज की फीस काफी कम होती है। वह आप अफोर्ड भी कर सकते हैं। प्राइवेट कॉलेज में पढ़ाना जरूरी तो नहीं।" मैंने सलाह देते हुए कहा।

काफी दिनों बाद, लगभग दो वर्षों बाद निखिल मेरे ऑफिस चेंबर में आया। वह बहुत खुश नजर आ रहा था।

"आज तो आप बहुत खुश नजर आ रहे हैं। कोई विशेष बात है क्या?" मैंने पूछा।

"हाँ मैडम! बेटी का एडमिशन यहीं एन.आई.टी. में हो गया।"

"वाह! बधाई हो! बेटियाँ होती ही मेहनती हैं।" मैंने कहा।

"प्राइवेट कॉलेज की अपेक्षा बहुत कम पैसे एडमिशन में लगे। घर से ही कॉलेज जाती है, तो हॉस्टल का खर्चा भी बच गया। अब मैं उसकी फीस आसानी से दे सकता हूँ।"

"मैंने आपको बताया ही था।" मैंने अपनी बात खत्म करनी चाही। मैं टेबल पर झुक कर अधूरे रिपोर्ट को पूरा करने लगी। निखिल गया नहीं।

कुछ देर बाद बोला, "आप डॉक्टर आलोक को जानती हैं? इसी अस्पताल में सर्जरी विभाग में काम करते हैं। उनका बेटा इंजीनियरिंग कर रहा है। उसका कैंपस सेलेक्शन हो गया है।"

"बड़ी अच्छी बात है। किस कंपनी में सेलेक्शन हुआ?"

"एच.सी.एल. कंपनी में।" कुछ देर रूक कर बोला, "आपका बेटा भी तो इंजीनियरिंग कर रहा है न!" उसने मुझसे पूछा।

"हाँ।" मैंने कहा।

"उसका कैंपस सेलेक्शन कहीं हुआ क्या?"

"हाँ, हो गया है। एच.सी.एल. कंपनी में।" मैंने अन्यमनस्क ढंग से कहा, क्योंकि मैं कंपनी के पैकेज से संतुष्ट नहीं थी।

"एच.सी.एल. अच्छी कंपनी है। मेरे बेटे का भी कैंपस सेलेक्शन एच.सी.एल. कंपनी में हुआ है।" उसने खुशी-खुशी बताया।

'ओह! तो इतनी भूमिका अपने बेटे के बारे में बताने के लिए बाँधी जा रही थी।' मैंने मन-ही-मन सोचा। शायद उसे पहले से पता था कि मेरे बेटे का सेलेक्शन एच.सी.एल. कंपनी में हुआ है। वह तो मेरे मुँह से सुनने और अपने बेटे के बारे बताने के लिए इतनी भूमिका बाँध रहा था। मैंने सिर उठा कर उसके चेहरे की ओर देखा। उसके चेहरे पर जो भाव थे, मानो कह रहे हो, अब तो हमारा स्तर बराबरी का हो गया, क्योंकि मेरे बेटे का भी सेलेक्शन उसी कंपनी में हुआ है, जिस कंपनी

में यहाँ के डॉक्टर के बेटों का हुआ है। लैब तकनीशियन मैं हूँ तो क्या हुआ। हमारे बेटों के स्तर में तो कोई अंतर नहीं है। तो बराबरी हो गया न। आज निखिल के न केवल चेहरे, बल्कि रोम-रोम से प्रसन्नता झलक रही थी। एक तकनीशियन का बेटा उसी कंपनी में काम करेगा, जिस कंपनी में अस्पताल के डॉक्टरों के बेटे काम करेंगे। सब का वेतन भी तो समान होगा ही। तो सब का स्तर समान हो गया न! आज उसे अपने तकनीशियन होने का कोई मलाल न रहा।

"बधाई हो!" मैंने सिर्फ इतना ही कहा।

"धन्यवाद मैडम!" कहते हुए वह चला गया।

शायद पहली बार उसने धन्यवाद कहा हो। कई बार पत्नी एवं बेटी के लिए मुझसे दवा लिखवाकर ले जाता रहा है, पर कभी धन्यवाद कहा नहीं। धन्यवाद ज्ञापन करने का उसका तरीका कुछ अलग ही था। कहता—"मैडम! आपके हाथ में तो यश है। यहाँ जाँच विभाग में कैसे आ गईं? स्त्री रोग विभाग में होतीं तो आपका बड़ा नाम होता।"

"कोई भी विभाग छोटा या बड़ा नहीं होता। सबकी अपनी विशेषता होती है। किसी का काम एक-दूसरे के बगैर नहीं चलता। आप रोगियों के सैंपल की जाँच करते हैं। इसी रिपोर्ट के आधार पर रोगी का इलाज चलता है। फिर यह विभाग कमतर कैसे हुआ?"

"यह आप कह रही हैं और मैं जानता हूँ। पर दूसरे लोग यह नहीं समझते। रोगी और उसके परिजन इलाज करनेवाले डॉक्टर का नाम लेते हैं। जाँच करनेवाले का कोई नाम नहीं लेता, न उसे कोई जानता है।"

"कोई भी काम सिर्फ नाम कमाने के लिए नहीं किया जाता। अपना काम ईमानदारी से करो तो खुद को संतुष्टि मिलती है।"

"यह बात तो सही है।"

"फिर अफसोस किस बात का?"

इसके बाद बहुत दिनों तक निखिल नहीं आया। लगभग डेढ़ साल

बाद मेरे ऑफिस चेंबर में आया। कहा—"मैडम! मेरे बेटे के रिपोर्ट पर साइन कर दीजिए।"

"क्या हुआ बेटे को?" मुझे लगा, वह कहीं बीमार तो नहीं।

"कुछ हुआ नहीं है, मैडम! बेटा यू.एस. जा रहा है। विदेश जाने के पहले कुछ जाँच कराना जरूरी होता है न!"

"बड़ी अच्छी बात है। बधाई हो!" मैंने कहा।

वह बड़ा खुश नजर आ रहा था। मैंने रिपोर्ट पर साइन कर दिया, पर तब भी निखिल गया नहीं, खड़ा रहा। पूछा—"आपके बेटे की पोस्टिंग कहाँ है?"

"वहीं, पहले जहाँ थी।" मैंने कहा तो उसका चेहरा और भी खिल उठा। उसके चेहरे पर संतुष्टि के भाव नजर आ रहे थे। जैसे कह रहा हो, आपका बेटा तो वहीं के वहीं रह गया। मेरा बेटा तो यू.एस. जा रहा है। उसे अपना कद बराबर से थोड़ा ऊँचा उठता सा लगा।

"आपका बेटा खुद जा रहा है या कंपनी की तरफ से उसे भेजा जा रहा है?" मैंने पूछा।

"खुद से कहाँ, मैडम! कंपनी की ओर से भेजा जा रहा है। अभी तीन महीने के लिए ही भेजा जा रहा है। जरूरत पड़ी तो आगे भी एक्सटेंशन मिल सकता है।" खुशी उसके चेहरे से छलक-छलक पड़ती थी।

"अच्छी बात है।" मैंने कहा।

हमारे लिए विदेश जाना कोई बड़ी बात नहीं है। कॉन्फ्रेंस में भाग लेने एवं अपना शोध-पत्र प्रस्तुत करने कई बार मैं विदेश जा चुकी हूँ। मेरे कई रिश्तेदार विदेश में रहते हैं। छुट्टियाँ मनाने भी हम सपरिवार विदेश जा चुके हैं। पर निखिल के लिए यह बहुत बड़ी बात है कि उसके बेटे का चयन विदेश स्थित ऑफिस के लिए हुआ। परिवार से पहली बार कोई विदेश काम करने जा रहा था। उसका सीना गर्व से तना हुआ लगता। चहक-चहक कर वह पूरी तैयारी में लगा रहा।

कुछ महीनों बाद निखिल मेरे ऑफिस चेंबर में आया तो बताया कि उसके बेटे की यू.एस. की नौकरी को एक्सटेंशन मिल गया है अतः वह अभी वहीं कंटिन्यू करेगा। वह मेरे बेटे के बारे पूछना नहीं भूलता। जब उसे पता चला कि मेरा बेटा अब भी वहीं काम कर रहा है, तो उसे बड़ा सुकून मिला। उसे लगता कि उसका कद जो बराबरी से थोड़ा ऊँचा उठ गया है, वह बरकरार है।

"पैसे भेजता है या नहीं तुम्हारा बेटा?" मैंने निखिल से पूछा, क्योंकि उसे बड़ी उम्मीद थी कि बेटा पैसा कमा कर भेजेगा तो उसे आर्थिक मदद मिलेगी।

"पैसे भेजता तो है, पर यू.एस. बहुत महँगी जगह है। बहुत भेज नहीं पाता।" मुझे लगा, इन्वेस्टमेंट का रिटर्न शायद उसकी आशा के अनुरूप नहीं है।

"कोई बात नहीं, प्रमोशन होने पर ज्यादा पैसे मिलेंगे।" मैंने आश्वासन देते हुए कहा।

साल-डेढ़ साल बाद निखिल एक दिन बेटी की शादी का कार्ड देने आया। मैंने पूछ लिया, "बहन की शादी में यू.एस. से बड़ा भाई आ रहा है या नहीं?"

"नहीं मैडम! आने-जाने में बहुत खर्चा लगता है। पहली बार गया, तो कंपनी ने जाने का खर्चा दिया था। अभी तो अपने पैसे से आना-जाना पड़ेगा। बेटे ने कहा कि जो खर्चा आने-जाने में लगेगा, वह भेज देता हूँ, शादी में काम आएँगे।"

"अच्छी बात है। बेटा खर्चे की सोचता है। यह बहुत प्रैक्टिकल डिसिजन है।"

कुछ देर रुक कर बोला, "आपका बेटा क्या कर रहा है, मैडम?" मेरे बेटे के बारे वह पूछना नहीं भूलता। जैसे यह जानना चाह रहा हो कि बराबरी से कुछ ऊँचा उठा उसका कद बरकरार है अथवा नहीं।

"वह आई.आई.एम. अहमदाबाद से मैनेजमेंट का कोर्स कर रहा है।"

सुनते ही उसके चेहरे की चमक जैसे गायब हो गई। सबको पता है—आई.आई.एम., अहमदाबाद देश का नंबर वन मैनेजमेंट इंस्टीट्यूट है। तेज एवं मेहनती विद्यार्थी ही वहाँ एडमिशन ले सकते हैं। पढ़ाई करने में फीस भी लगती है। वहाँ से पढ़ाई करने पर अच्छे पैकेज पर नौकरी मिलती है। निखिल को लगा, जैसे अब उसका कद बराबरी का नहीं रहा। शायद आगे होने की संभावना भी नहीं है। उसके बाद फिर कभी निखिल ने मेरे बेटे के बारे नहीं पूछा और न कभी मुझसे मिलने आया।

काफी दिनों बाद पता चला निखिल के बेटे ने यू.एस. में ही एक अमेरिकी लड़की से शादी कर ली। कुछ साल बाद निखिल सेवानिवृत्त हो गया। एक बेटा और एक बेटी अभी भी पढ़ाई कर रहे थे। सेवानिवृत्ति के बाद निखिल ने अनुबंध पर पुनः नौकरी कर ली थी। केवल पेंशन के पैसे पर दो बच्चों की शिक्षा का खर्च चलाना उसके लिए मुश्किल था। जिस बेटे पर इन्वेस्ट कर भविष्य में आर्थिक जिम्मेदारी बँटने की आशा कर रहा था, वह तो सुदूर विदेश में जा बैठा था। अब उसका खुद का परिवार था, जिसकी जिम्मेदारी उसे उठानी थी। पिता की जिम्मेदारी का बोझ वह कैसे हलका कर सकता? इन्वेस्टमेंट में रिस्क भी होता है, शायद निखिल को अब समझ में आ गया था।

निखिल अपने परिवार में इकलौता कमानेवाला है। उसके चार बच्चे हैं। सबके पालन-पोषण की जिम्मेदारी उसके अकेले की है। मेरा बेटा इकलौता है और कमाने वाले हम दो। हम डॉक्टर हैं और वह तकनीशियन, फिर भी वह बहुत दिनों तक बेटे की वजह से बराबरी के एहसास से खुश होता रहा।

जिंदगी में बराबरी के नाप-तौल का सिर्फ एक ही पैमाना नहीं होता, कई पैमाने होते हैं।

□

14

युद्ध

बहुत कोशिश करने पर भी निर्मला देवी को नींद नहीं आ रही थी। घड़ी की टिक-टिक रात्रि की नीरवता को भंग कर रही थी। रात के बारह बजने को थे। यदा-कदा गली के कुत्तों के भौंकने की आवाज सुनाई पड़ जाती थी। कभी-कभी कुत्तों की रोने की आवाज आती, तो भयावहता और भी बढ़ जाती। किसी अनिष्ट की आशंका से वह चौंक उठती। उसने करवट बदलकर बगल में लेटे पति को देखा। वे निश्चल बिछावन के दूसरी ओर करवट लेकर सोए पड़े थे। सोते समय हमेशा खर्राटे लेनेवाले पति ऐसे कैसे शांत सोए पड़े हैं? क्या वे भी जाग रहे हैं? निर्मला देवी को आशंका हुई। उसने धीरे से पति की बाँह को छुआ।

"अब सो भी जाओ। चिंता करने से कुछ नहीं होगा।" पति ने निर्मला देवी की ओर करवट बदलकर कहा।

"आप भी तो सोए नहीं हैं!"

"पर मैं तुम्हारी तरह चिंता नहीं कर रहा, चिंता करने से कुछ हासिल नहीं होगा।"

"चिंता करना अपने वश में होता है क्या? बेटा महीने भर से घर नहीं आया। पता नहीं किस हाल में होगा? ठीक से खाया-पिया भी होगा या नहीं?"

"तुम तो ऐसे चिंता कर रही हो, जैसे तुम्हारा बेटा कोई छोटा बच्चा है, जो अपना खयाल खुद से नहीं रख सकता हो! अरे, वह कोई छोटा बच्चा

तो है नहीं, 38 साल का जवान है। दो बच्चों का बाप है। अपना खयाल खुद रख सकता है, फिर उसकी चिंता में मरी क्यों जा रही हो?"

"फिर भी है तो हमारा इकलौता बेटा। कुछ ऊँच-नीच हो गई तो हमारा क्या होगा?"

"फिर भी क्या? तुम्हारी तरह हर माँ, बेटे को युद्ध में भेजकर उसकी चिंता में घुलती रहे, तब बेटा युद्ध कैसे लड़ेगा?"

"ये युद्ध है क्या?" तनिक आश्चर्य से निर्मला देवी बोली।

"युद्ध ही तो है। याद करो, जब भी किसी देश में युद्ध हुआ है, ऐसी ही स्थिति हो जाती है। स्कूल-कॉलेज बंद, घर से बाहर निकलना बंद, शाम होते ही घरों में घुस जाना, सड़कों पर सन्नाटा, जैसे कर्फ्यू लगा हो।" पति की आवाज कहीं दूर से आती लग रही थी, ऐसा लग रहा था, मानो वे कई सदी पीछे चले गए हों। वहाँ का दृश्य देखकर वर्णन कर रहे हों।

"हाँ, ऐसी स्थिति तो युद्ध में ही होती है। मुझे याद है, जब भारत-चीन के बीच युद्ध हुआ था।" निर्मला देवी भी उसी सदी में पहुँच गई। दोनों भूतकाल में चले गए और युद्ध के समय की बातें करते रहे।

"उस जमाने में घरों में बिजली नहीं थी। हम लालटेन की रोशनी धीमी करके रखते थे, ताकि दुश्मन को रोशनी के कारण बस्तियों का पता न चले। डर होता था, कहीं बस्ती पर बम वर्षा न हो जाए!"

"खाने-पीने की आवश्यक वस्तुएँ जमा कर रख लेते थे, ताकि भूखों न मरना पड़े। युद्ध के बाद अकसर ही अकाल जैसी स्थिति हो जाती है। युद्ध के समय सभी वस्तुओं के दाम कितने बढ़ जाते हैं।"

"उस जमाने में अपनों की खोज-खबर लेना कितना कठिन था। न टेलीफोन था, न टेलीविजन। एक रेडियो का सहारा था, वह भी अकसर काम नहीं करता था। अपनों से सीधे बात भी नहीं हो पाती थी, अब की स्थिति तो बहुत अच्छी है। कम्युनिकेशन के इतने साधन हैं। पल-पल की खबर टेलीविजन पर मिलती रहती है। मोबाइल पर बेटे से बात भी हो जाती है, फिर चिंता किस बात की?"

"सो तो है।"

बातें करते हुए जी हलका हुआ तो नींद भी आ गई। सुबह नींद खुली तो चारों ओर भोर का उजाला पसरा हुआ था। देर तक वे सोते रहे थे। चिंतामुक्त होने पर नींद अच्छी आती है। बहू ने उनके सामने चाय और ताजा अखबार रख दिया।

"उमेश से बात हुई?" निर्मला देवी ने बहू से पूछा।

"जी, मम्मीजी!" बहू ने उत्तर दिया।

"कैसा है वह?"

"ठीक ही हैं। आप खुद बात कर लीजिए न! मैं फोन लगाकर देती हूँ।"

बहू ने उमेश का फोन कनेक्ट कर निर्मला देवी को दे दिया।

"कैसे हो बेटा?"

"मैं ठीक हूँ माँ! मेरी चिंता मत करो।"

"घर क्यों नहीं आते?"

"अभी नहीं आ सकता। मेरी स्थिति को समझने की कोशिश करो माँ!"

"घर आए कितने दिन हो गए? सबसे मिलने की इच्छा नहीं होती?"

"होती तो है, पर आ नहीं सकता।"

"अपना खयाल रखना और हम सबका भी ध्यान रखना।"

"आप सबका ध्यान है, इसीलिए तो घर नहीं आ रहा। कोरोना संक्रमित रोगियों का परीक्षण और इलाज दूर से तो किया नहीं जा सकता, पर अपने घरवालों को संक्रमण से बचाने के लिए खुद तो दूर रहना ही पड़ेगा न!"

"ठीक है बेटा, अपना ध्यान रखना।"

"अपनी सुरक्षा का पूरा ध्यान रखता हूँ माँ! पूरी तरह से जिरह बख्तर से लैस होकर ही रोगी का इलाज करता हूँ। विश्वास न हो तो मोबाइल पर फोटो देख लो।"

निर्मला देवी ने फोटो देखा तो बेटा पहचान में ही नहीं आ रहा था। पूरा बदन प्लास्टिक गाउन से ढका था। सिर पर कैप, नाक–मुँह पर मास्क, आँखों पर चश्मा, हाथों में दस्ताने। अब निर्मला देवी निश्चिंत हो गई कि बेटा पूरी तरह रक्षा–कवच से लैस होकर युद्ध के लिए तैयार है।

चाय पीते हुए उसने पढ़ने के लिए अखबार उठाया। अखबार में जितनी सुर्खियाँ थीं, उसे देखकर तो ऐसा लगता था, जैसे पूरे विश्व में जंग छिड़ गई हो। 'अमेरिका में युद्ध काल का कानून लागू किया गया।'

'इटली में डॉक्टरों की कमी के कारण दस हजार मेडिकल छात्रों को डॉक्टर बनाया।' इसी तरह की सुर्खियों से अखबार भरे पड़े थे।

निर्मला देवी सोचने लगी—सचमुच ये तो युद्ध जैसी ही स्थिति है, बल्कि विश्वयुद्ध जैसी स्थिति। कोरोना का कहर पूरे विश्व में फैल चुका है, कब किसपर आक्रमण कर दे, कहना कठिन है। पर इससे डरने की नहीं, डटकर सामना करने की जरूरत है। बचाव ही इसका एकमात्र उपाय है और बचाव दूरी बनाकर ही हो सकता है।

निर्मला देवी अब इत्मीनान से अखबार पढ़ने लगी। उसकी चिंता कुछ हद तक दूर हो चुकी थी, तभी उसकी नजर अखबार की एक हेडलाइन पर पड़ी—'मरीजों के इलाज के लिए डॉक्टर कई दिनों से घर नहीं गया।' हेडलाइन के नीचे एक ओर उसके बेटे उमेश कुमार की फोटो छपी थी। रोगियों के इलाज में समर्पित उसके कार्यों की प्रशंसा की गई थी।

अब निर्मला देवी के मन से चिंता के बादल छँट चुके थे। उसकी जगह एक चमकीले प्रकाश ने ले ली थी, जो बादल छँटने पर दिखाई देता है। यह प्रकाश डॉ. उमेश कुमार की माँ होने के गर्व से उत्पन्न हुआ था। उसे लगा, वह एक ऐसे योद्धा की माँ है, जिसका पुत्र युद्धभूमि में गया हो और जिसका लक्ष्य सिर्फ विजयी होकर लौटने का है।

□□□